Bilingual

VISUAL

dictionary

Penguin Random House

Senior Editor Angeles Gavira
Senior Art Editor Ina Stradins
DTP Designers Sunil Sharma, Balwant Singh,
Harish Aggarwal, John Goldsmid, Ashwani Tyagi
DTP Coordinator Pankaj Sharma
Production Controller Liz Cherry
Picture Researcher Anna Grapes
Managing Editor Liz Wheeler
Managing Art Editor Phil Ormerod
Category Publisher Jonathan Metcalf

Designed for Dorling Kindersley by WaltonCreative.com
Art Editor Colin Walton, assisted by Tracy Musson
Designers Peter Radcliffe, Earl Neish, Ann Cannings
Picture Research Marissa Keating

Language content for Dorling Kindersley by
g-and-w PUBLISHING
Managed by Jane Wightwick, assisted by Ana Bremón
Translation and editing by Christine Arthur
Additional input by Dr. Arturo Pretel, Martin Prill,
Frédéric Monteil, Meinrad Prill, Mari Bremón,
Oscar Bremón, Anunchi Bremón, Leila Gaafar

First published in Great Britain in 2005
This revised edition published in 2015 by
Dorling Kindersley Limited,
80 Strand, London WC2R 0RL

sommario
contents

SOMMARIO • CONTENTS

italiano • english

informazioni sul dizionario

about the dictionary

È dimostrato che l'uso di immagini aiuta a capire e memorizzare le informazioni. Applicando tale principio, abbiamo realizzato questo dizionario bilingue, corredato da numerosissime illustrazioni, che presenta un ampio ventaglio di vocaboli utili in due lingue europee.

Il dizionario è diviso in vari argomenti ed esamina dettagliatamente molti aspetti del mondo moderno, dal ristorante alla palestra, dalla casa all'ufficio, dallo spazio al regno animale. L'opera contiene inoltre frasi e vocaboli utili per conversare e per estendere il proprio vocabolario.

È un'opera di consultazione essenziale per tutti gli appassionati delle lingue – pratica, stimolante e facile da usare.

The use of pictures is proven to aid understanding and the retention of information. Working on this principle, this highly-illustrated bilingual dictionary presents a large range of useful current vocabulary in two European languages.

The dictionary is divided thematically and covers most aspects of the everyday world in detail, from the restaurant to the gym, the home to the workplace, outer space to the animal kingdom. You will also find additional words and phrases for conversational use and for extending your vocabulary.

This is an essential reference tool for anyone interested in languages – practical, stimulating, and easy-to-use.

Indicazioni

Le due lingue vengono presentate sempre nello stesso ordine: italiano e inglese.

In italiano, i sostantivi vengono riportati con il relativo articolo determinativo, che indica il genere (maschile o femminile) e il numero (singolare o plurale), come ad esempio:

A few things to note

The two languages are always presented in the same order – Italian and English.

In Italian, nouns are given with their definite articles reflecting the gender (masculine or feminine) and number (singular or plural), for example:

il seme   **le mandorle**
seed   almonds

il seme   **le mandorle**
seed   almonds

I verbi sono contraddistinti da una (v) dopo il vocabolo inglese, come ad esempio:

Verbs are indicated by a (v) after the English, for example:

nuotare • swim (v)

nuotare • swim (v)

Alla fine del libro ogni lingua ha inoltre il proprio indice, che consente di cercare un vocabolo in una delle due lingue e di trovare il rimando alla pagina che gli corrisponde. Il genere è indicato dalle seguenti abbreviazioni:

Each language also has its own index at the back of the book. Here you can look up a word in either of the two languages and be referred to the page number(s) where it appears. The gender is shown using the following abbreviations:

m = maschile
f = femminile

m = masculine
f = feminine

come usare questo libro

how to use this book

Che stiate imparando una lingua nuova a scopo di lavoro, per diletto o in preparazione per una vacanza all'estero, o desideriate estendere il vostro vocabolario in una lingua che vi è già familiare, questo dizionario è uno strumento di apprendimento prezioso che potete usare in vari modi diversi.

Quando imparate una lingua nuova, cercate le parole affini per origine (che sono quindi simili nelle varie lingue) ma occhio alle false analogie (vocaboli che sembrano uguali ma hanno significati molto diversi). Questo dizionario mostra inoltre come le lingue hanno influito l'una sull'altra. L'inglese, per esempio, ha importato dalle altre lingue europee molti vocaboli relativi agli alimenti ma ne ha esportati molti altri relativi alla tecnologia e alla cultura popolare.

Whether you are learning a new language for business, pleasure, or in preparation for a holiday abroad, or are hoping to extend your vocabulary in an already familiar language, this dictionary is a valuable learning tool which you can use in a number of different ways.

When learning a new language, look out for cognates (words that are alike in different languages) and false friends (words that look alike but carry significantly different meanings). You can also see where the languages have influenced each other. For example, English has imported many terms for food from other European languages but, in turn, exported terms used in technology and popular culture.

Attività pratiche di apprendimento

• Girando per casa, in ufficio, a scuola, guardate le pagine relative all'ambiente in cui vi trovate, poi chiudete il libro, guardatevi attorno e cercate di ricordare il nome del maggior numero possibile di oggetti e strutture.
• Provate a scrivere un racconto, una lettera o un dialogo usando il maggior numero possibile dei vocaboli riportati su di una pagina in particolare. Vi aiuterà a memorizzare i vocaboli e a ricordare come si scrivono. Se volete scrivere testi più lunghi, cominciate con delle frasi che comprendano 2 o 3 delle parole.
• Se avete una memoria molto visiva, prendete un foglio di carta e disegnatevi o ricopiatevi le immagini che appaiono nel libro, quindi chiudete il libro e scrivete le parole sotto alle immagini.
• Quando vi sentite più sicuri, scegliete dei vocaboli dall'indice di una lingua straniera e cercate di ricordarne i significati, trovando poi le pagine corrispondenti per verificare che siano giusti.

Practical learning activities

• As you move about your home, workplace, or college, try looking at the pages which cover that setting. You could then close the book, look around you and see how many of the objects and features you can name.
• Challenge yourself to write a story, letter, or dialogue using as many of the terms on a particular page as possible. This will help you retain the vocabulary and remember the spelling. If you want to build up to writing a longer text, start with sentences incorporating 2–3 words.
• If you have a very visual memory, try drawing or tracing items from the book onto a piece of paper, then close the book and fill in the words below the picture.
• Once you are more confident, pick out words in a foreign-language index and see if you know what they mean before turning to the relevant page to check if you were right.

le persone
people

il corpo • body

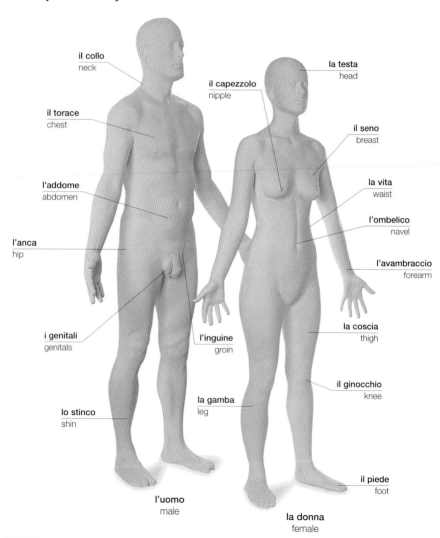

il collo
neck

la testa
head

il capezzolo
nipple

il torace
chest

il seno
breast

l'addome
abdomen

la vita
waist

l'ombelico
navel

l'anca
hip

l'avambraccio
forearm

i genitali
genitals

l'inguine
groin

la coscia
thigh

il ginocchio
knee

lo stinco
shin

la gamba
leg

il piede
foot

l'uomo
male

la donna
female

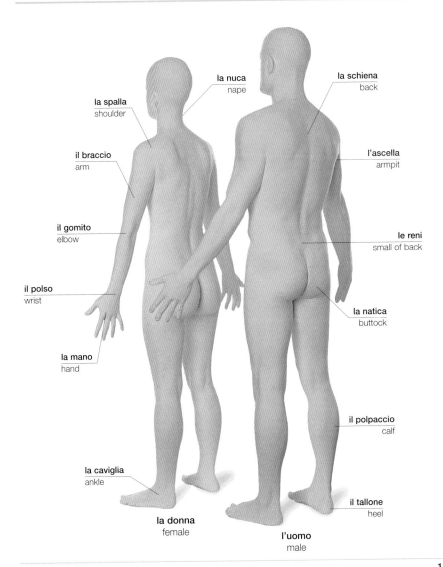

la nuca
nape

la schiena
back

la spalla
shoulder

l'ascella
armpit

il braccio
arm

le reni
small of back

il gomito
elbow

il polso
wrist

la natica
buttock

la mano
hand

il polpaccio
calf

la caviglia
ankle

il tallone
heel

la donna
female

l'uomo
male

la faccia • face

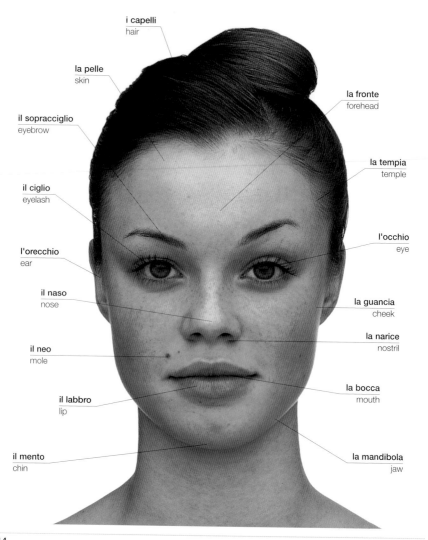

i capelli
hair

la pelle
skin

il sopracciglio
eyebrow

il ciglio
eyelash

l'orecchio
ear

il naso
nose

il neo
mole

il labbro
lip

il mento
chin

la fronte
forehead

la tempia
temple

l'occhio
eye

la guancia
cheek

la narice
nostril

la bocca
mouth

la mandibola
jaw

la ruga
wrinkle

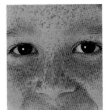
la lentiggine
freckle

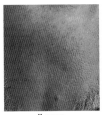
il poro
pore

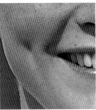
la fossetta
dimple

la mano • hand

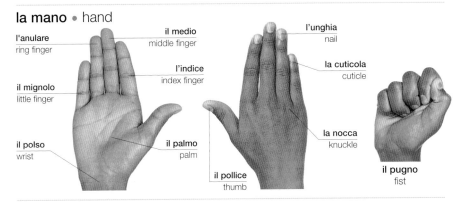

l'anulare
ring finger

il medio
middle finger

l'indice
index finger

il mignolo
little finger

il polso
wrist

il palmo
palm

il pollice
thumb

l'unghia
nail

la cuticola
cuticle

la nocca
knuckle

il pugno
fist

il piede • foot

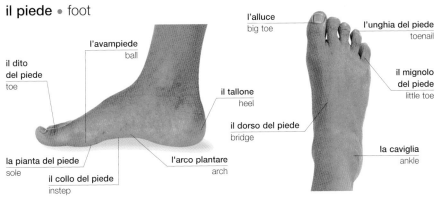

l'avampiede
ball

il dito del piede
toe

il tallone
heel

l'alluce
big toe

l'unghia del piede
toenail

il mignolo del piede
little toe

il dorso del piede
bridge

la pianta del piede
sole

l'arco plantare
arch

il collo del piede
instep

la caviglia
ankle

i muscoli • muscles

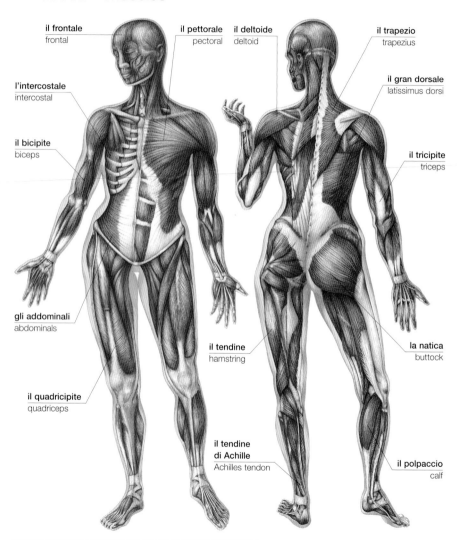

il frontale
frontal

il pettorale
pectoral

il deltoide
deltoid

il trapezio
trapezius

l'intercostale
intercostal

il gran dorsale
latissimus dorsi

il bicipite
biceps

il tricipite
triceps

gli addominali
abdominals

il tendine
hamstring

la natica
buttock

il quadricipite
quadriceps

il tendine
di Achille
Achilles tendon

il polpaccio
calf

lo scheletro • skeleton

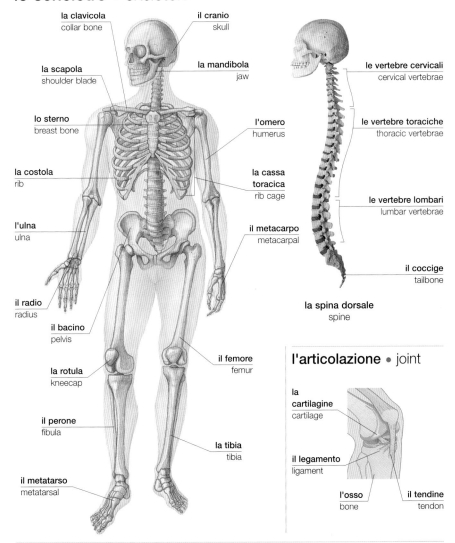

la clavicola
collar bone

il cranio
skull

la scapola
shoulder blade

la mandibola
jaw

lo sterno
breast bone

l'omero
humerus

la costola
rib

la cassa
toracica
rib cage

l'ulna
ulna

il metacarpo
metacarpal

il radio
radius

il bacino
pelvis

il femore
femur

la rotula
kneecap

il perone
fibula

la tibia
tibia

il metatarso
metatarsal

le vertebre cervicali
cervical vertebrae

le vertebre toraciche
thoracic vertebrae

le vertebre lombari
lumbar vertebrae

il coccige
tailbone

la spina dorsale
spine

l'articolazione • joint

la
cartilagine
cartilage

il legamento
ligament

l'osso
bone

il tendine
tendon

gli organi interni • internal organs

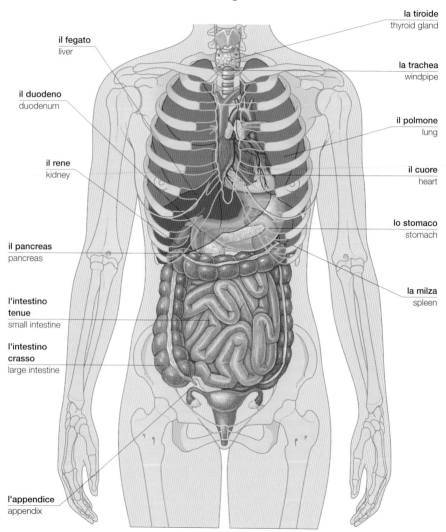

la tiroide
thyroid gland

il fegato
liver

la trachea
windpipe

il duodeno
duodenum

il polmone
lung

il rene
kidney

il cuore
heart

lo stomaco
stomach

il pancreas
pancreas

la milza
spleen

l'intestino
tenue
small intestine

l'intestino
crasso
large intestine

l'appendice
appendix

la testa • head

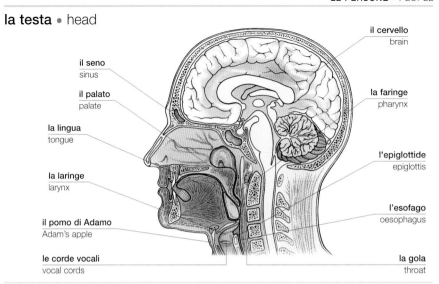

il cervello
brain

il seno
sinus

il palato
palate

la lingua
tongue

la laringe
larynx

il pomo di Adamo
Adam's apple

le corde vocali
vocal cords

la faringe
pharynx

l'epiglottide
epiglottis

l'esofago
oesophagus

la gola
throat

i sistemi organici • body systems

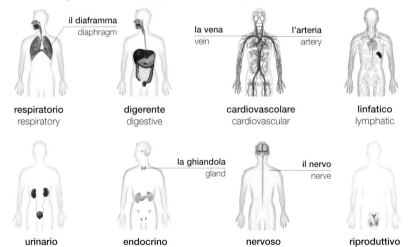

il diaframma
diaphragm

la vena
vein

l'arteria
artery

respiratorio
respiratory

digerente
digestive

cardiovascolare
cardiovascular

linfatico
lymphatic

la ghiandola
gland

il nervo
nerve

urinario
urinary

endocrino
endocrine

nervoso
nervous

riproduttivo
reproductive

gli organi riproduttivi • reproductive organs

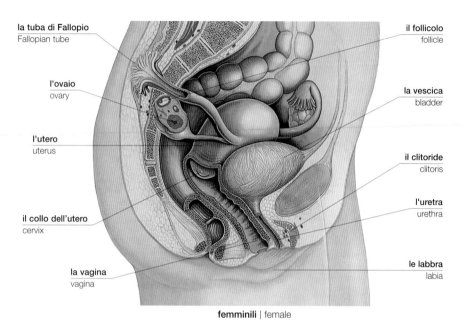

la tuba di Fallopio
Fallopian tube

l'ovaio
ovary

l'utero
uterus

il collo dell'utero
cervix

la vagina
vagina

il follicolo
follicle

la vescica
bladder

il clitoride
clitoris

l'uretra
urethra

le labbra
labia

femminili | female

la riproduzione • reproduction

lo sperma
sperm

l'ovulo
egg

la fecondazione | fertilization

vocabolario • vocabulary

l'ormone hormone	**impotente** impotent	**la mestruazione** menstruation
l'ovulazione ovulation	**fecondo** fertile	**il coito** intercourse
sterile infertile	**concepire** conceive	**la malattia sessualmente trasmessa** sexually transmitted disease

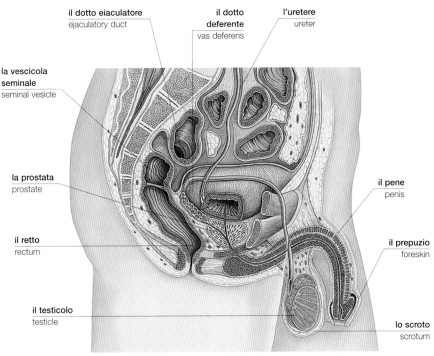

il dotto eiaculatore
ejaculatory duct

il dotto
deferente
vas deferens

l'uretere
ureter

la vescicola
seminale
seminal vesicle

la prostata
prostate

il pene
penis

il retto
rectum

il prepuzio
foreskin

il testicolo
testicle

lo scroto
scrotum

maschili | male

la contraccezione • contraception

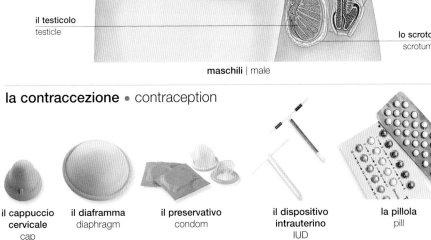

il cappuccio
cervicale
cap

il diaframma
diaphragm

il preservativo
condom

il dispositivo
intrauterino
IUD

la pillola
pill

la famiglia • family

la nonna	**il nonno**
grandmother	grandfather

lo zio	**la zia**	**il padre**	**la madre**
uncle	aunt	father	mother

il cugino	**il fratello**	**la sorella**	**la moglie**
cousin	brother	sister	wife

la nuora	**il figlio**	**la figlia**	**il genero**
daughter-in-law	son	daughter	son-in-law

il nipote	**la nipote**
grandson	granddaughter

il marito
husband

vocabolario • vocabulary

i parenti relatives	**i genitori** parents	**i nipoti** grandchildren	**la matrigna** stepmother	**il figliastro** stepson	**la generazione** generation
i nonni grandparents	**i bambini** children	**il patrigno** stepfather	**la figliastra** stepdaughter	**il/la compagno/-a** partner	**i gemelli** twins

la suocera
mother-in-law

il suocero
father-in-law

il cognato
brother-in-law

la cognata
sister-in-law

la nipote
niece

il nipote
nephew

Signorina
Miss

gli appellativi • titles

Signora
Mrs

Signore
Mr

le fasi • stages

il bimbo
baby

il bambino
child

il ragazzo
boy

la ragazza
girl

l'adolescente
teenager

l'adulto
adult

l'uomo
man

la donna
woman

i rapporti • relationships

l'assistente
assistant

il capo
manager

la partner di affari
business partner

il datore di lavoro
employer

la dipendente
employee

le collègue
colleague

l'ufficio | office

il vicino
neighbour

l'amico
friend

il conoscente
acquaintance

l'amico di penna
penfriend

il ragazzo
boyfriend

la ragazza
girlfriend

il fidanzato
fiancé

la fidanzata
fiancée

la coppia | couple

i fidanzati | engaged couple

le emozioni • emotions

il sorriso
smile

felice
happy

triste
sad

eccitato
excited

annoiato
bored

sorpreso
surprised

spaventato
scared

aggrottare
le ciglia
frown

arrabbiato
angry

confuso
confused

preoccupato
worried

nervoso
nervous

fiero
proud

fiducioso
confident

imbarazzato
embarrassed

timido
shy

vocabolario • vocabulary

sbadigliare yawn (v)	**ridere** laugh (v)	**sospirare** sigh (v)	**turbato** upset
gridare shout (v)	**svenire** faint (v)	**piangere** cry (v)	**scioccato** shocked

gli avvenimenti della vita • life events

nascere
be born (v)

iniziare la scuola
start school (v)

fare amicizia
make friends (v)

laurearsi
graduate (v)

trovare un lavoro
get a job (v)

innamorarsi
fall in love (v)

sposarsi
get married (v)

avere un bambino
have a baby (v)

il matrimonio | wedding

il divorzio
divorce

il funerale
funeral

vocabolario • vocabulary

il battesimo
christening

morire
die (v)

il bar mitzvah
bar mitzvah

fare testamento
make a will (v)

l'anniverario
anniversary

il ricevimento nuziale
wedding reception

emigrare
emigrate (v)

il viaggio di nozze
honeymoon

andare in pensione
retire (v)

il certificato di nascita
birth certificate

le celebrazioni • celebrations

la festa di
compleanno
birthday party

il biglietto
d'auguri
card

il regalo
present

il compleanno
birthday

il Natale
Christmas

le feste •
festivals

la Pasqua ebraica
Passover

il Capodanno
New Year

il carnevale
carnival

la processione
procession

il Ramadan
Ramadan

il nastro
ribbon

il Giorno del Ringraziamento
Thanksgiving

la Pasqua
Easter

la Festa di Halloween
Halloween

il Diwali
Diwali

l'aspetto
appearance

gli abiti per il bambino • children's clothing

il bimbo • baby

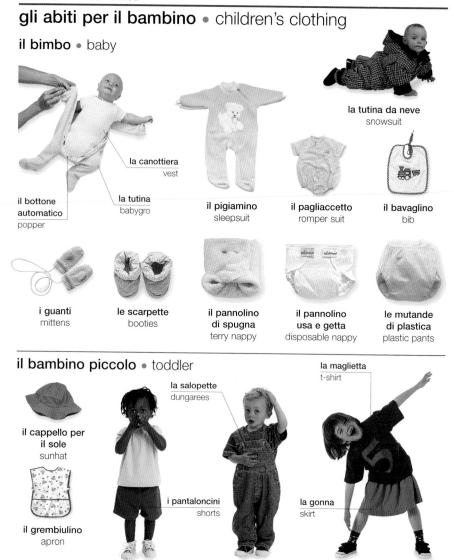

la tutina da neve
snowsuit

la canottiera
vest

il bottone
automatico
popper

la tutina
babygro

il pigiamino
sleepsuit

il pagliaccetto
romper suit

il bavaglino
bib

i guanti
mittens

le scarpette
booties

il pannolino
di spugna
terry nappy

il pannolino
usa e getta
disposable nappy

le mutande
di plastica
plastic pants

il bambino piccolo • toddler

la maglietta
t-shirt

la salopette
dungarees

il cappello per
il sole
sunhat

il grembiulino
apron

i pantaloncini
shorts

la gonna
skirt

il bambino • child

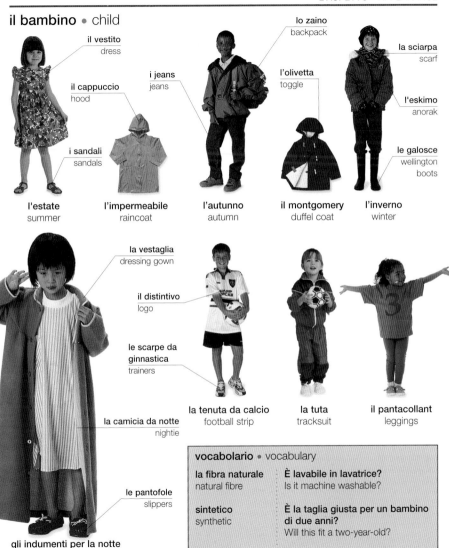

il vestito
dress

il cappuccio
hood

i jeans
jeans

i sandali
sandals

lo zaino
backpack

l'olivetta
toggle

la sciarpa
scarf

l'eskimo
anorak

le galosce
wellington
boots

l'estate
summer

l'impermeabile
raincoat

l'autunno
autumn

il montgomery
duffel coat

l'inverno
winter

la vestaglia
dressing gown

il distintivo
logo

le scarpe da
ginnastica
trainers

la tenuta da calcio
football strip

la tuta
tracksuit

il pantacollant
leggings

la camicia da notte
nightie

le pantofole
slippers

gli indumenti per la notte
nightwear

vocabolario • vocabulary

la fibra naturale natural fibre	È lavabile in lavatrice? Is it machine washable?
sintetico synthetic	È la taglia giusta per un bambino di due anni? Will this fit a two-year-old?

l'abbigliamento da uomo • men's clothing

il colletto
collar

la cravatta
tie

la cintura
belt

il risvolto
lapel

l'asola
buttonhole

il polsino
cuff

la tasca
pocket

la giacca
jacket

il bottone
button

i pantaloni
trousers

la fodera
lining

l'abito
business suit

l'impermeabile
raincoat

le scarpe
di cuoio
leather
shoes

vocabolario • vocabulary

il cardigan	la biancheria intima	il cappotto	
cardigan	underwear	coat	
la tuta da sport	la vestaglial	corto	lungo
tracksuit	dressing gown	short	long

Ha una taglia più grande/più piccola?
Do you have this in a larger/smaller size?

Posso provarlo?
May I try this on?

il collo a V
v-neck

il girocollo
round neck

il blazer
blazer

la giacca sportiva
sports jacket

il gilet
waistcoat

la
maglietta
t-shirt

il giaccone
anorak

la felpa
sweatshirt

la camicia
shirt

i jeans
jeans

il maglione
sweater

il pigiama
pyjamas

la canottiera
vest

il casual
casual wear

i calzoncini
shorts

lo slip
briefs

i boxer
boxer shorts

i calzini
socks

l'abbigliamento da donna • women's clothing

la giacca
jacket

la cucitura
seam

senza spalline
strapless

senza maniche
sleeveless

la manica
sleeve

alla caviglia
ankle length

l'orlo
hem

la gonna
skirt

l'abito da sera
evening dress

il vestito
dress

la camicetta
blouse

al ginocchio
knee-length

i pantaloni
trousers

le scarpe
shoes

formale
formal

casual
casual

la biancheria intima • lingerie

il matrimonio • wedding

la vestaglia
dressing gown

la sottoveste
slip

la spallina
strap

il corpetto
camisole

il reggicalze
suspender

la guêpière
basque

la calza
stocking

il collant
tights

il velo
veil

il pizzo
lace

il bouquet
bouquet

lo strascico
train

l'abito da sposa
wedding dress

vocabolario • vocabulary

il busto corset	**la spallina** shoulder pad
la giarrettiera garter	**attillato** tailored
scollo all'Americana halter neck	**il reggiseno sportivo** sports bra
il girovita waistband	**con armatura** underwired

il reggiseno
bra

lo slip
knickers

la camicia da notte
nightdress

gli accessori • accessories

il berretto
cap

il cappello
hat

il foulard
scarf

la fibbia
buckle

la cintura
belt

il manico
handle

la punta
tip

il fazzoletto
handkerchief

la farfalla
bow tie

il fermacravatta
tie-pin

i guanti
gloves

l'ombrello
umbrella

i gioielli • jewellery

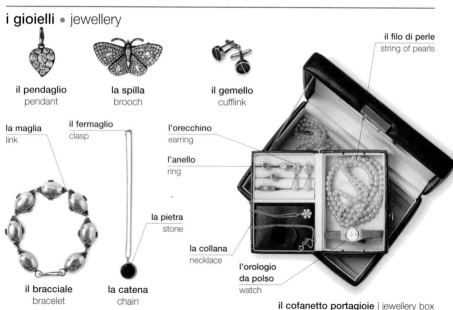

il pendaglio
pendant

la spilla
brooch

il gemello
cufflink

il filo di perle
string of pearls

la maglia
link

il fermaglio
clasp

l'orecchino
earring

l'anello
ring

la pietra
stone

la collana
necklace

l'orologio
da polso
watch

il bracciale
bracelet

la catena
chain

il cofanetto portagioie | jewellery box

italiano • english

le borse • bags

il portafoglio
wallet

il portamonete
purse

la borsa a tracolla
shoulder bag

la cinghia
fastening

la bretella
shoulder strap

i manici
handles

la sacca da viaggio
holdall

la valigetta
briefcase

la borsetta
handbag

lo zainetto
backpack

le scarpe • shoes

il laccio
lace

la lingua
tongue

l'occhiello
eyelet

la suola
sole

la scarpa con i lacci
lace-up

il tacco
heel

la scarpa da
trekking
walking boot

la scarpa da
ginnastica
trainer

lo stivale
boot

l'infradito
flip-flop

la scarpa da uomo
brogue

la scarpa con il
tacco alto
high heel shoe

la zeppa
wedge

il sandalo
sandal

il mocassino
slip-on

la ballerina
pump

i capelli • hair

il pettine
comb

pettinare
comb (v)

la spazzola
brush

spazzolare | brush (v)

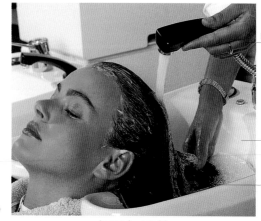

la parrucchiera
hairdresser

il lavandino
sink

la cliente
client

lavare | wash (v)

sciacquare
rinse (v)

il grembiule
robe

tagliare
cut (v)

asciugare con il phon
blow dry (v)

mettere in piega
set (v)

gli accessori • accessories

l'asciugacapelli
hairdryer

lo shampoo
shampoo

il balsamo
conditioner

il gel
gel

la lacca
hairspray

l'arricciacapelli
curling tongs

le forbici
scissors

il cerchietto
hairband

la piastra per i capelli
hair straighteners

la forcina
hairpin

le acconciature • styles

la coda di cavallo
ponytail

la treccia
plait

la piega alla francese
french pleat

la crocchia
bun

i codini
pigtails

il caschetto
bob

la sfumatura alta
crop

ricci
curly

la permanente
perm

lisci
straight

le radici
roots
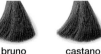
i colpi di sole
highlights

calvo
bald

la parrucca
wig

i colori • colours

biondo
blonde

bruno
brunette

castano
auburn

rosso
ginger

nero
black

grigio
grey

bianco
white

tinto
dyed

vocabolario • vocabulary

l'elastico hairtie

grassi greasy

spuntare trim (v)

secchi dry

il barbiere barber

normali normal

le doppie punte split ends

il cuoio capelluto scalp

la forfora dandruff

lisciare straighten (v)

la bellezza • beauty

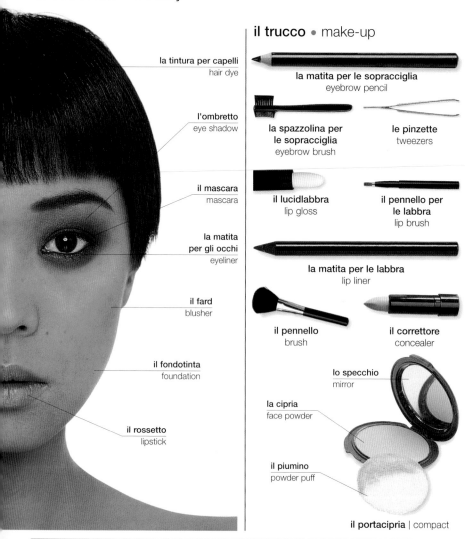

la tintura per capelli
hair dye

l'ombretto
eye shadow

il mascara
mascara

la matita
per gli occhi
eyeliner

il fard
blusher

il fondotinta
foundation

il rossetto
lipstick

il trucco • make-up

la matita per le sopracciglia
eyebrow pencil

**la spazzolina per
le sopracciglia**
eyebrow brush

le pinzette
tweezers

il lucidlabbra
lip gloss

**il pennello per
le labbra**
lip brush

la matita per le labbra
lip liner

il pennello
brush

il correttore
concealer

lo specchio
mirror

la cipria
face powder

il piumino
powder puff

il portacipria | compact

i trattamenti di bellezza •
beauty treatments

la maschera
di bellezza
face pack

il lettino solare
sunbed

il trattamento
per il viso
facial

esfoliare
exfoliate (v)

la ceretta
wax

la pedicure
pedicure

gli articoli da toilette • toiletries

il latte
detergente
cleanser

la lozione
tonificante
toner

la crema
idratante
moisturizer

la crema
autoabbronzante
self-tanning cream

il
profumo
perfume

l'acqua di
colonia
eau de toilette

la manicure • manicure

la limetta
nail file

l'acetone
nail varnish remover

lo smalto per unghie
nail varnish

le forbicine
per le unghie
nail scissors

il
tagliaunghie
nail clippers

vocabolario • vocabulary

chiaro fair	grasso oily	l'abbronzatura tan
scuro dark	sensibile sensitive	il tatuaggio tattoo
secco dry	ipoallergenico hypoallergenic	antirughe anti-wrinkle
la carnagione complexion	la tonalità shade	i batuffoli di ovatta cotton balls

la salute
health

la malattia • illness

la febbre | fever

il mal di testa
headache

l'emorragia nasale
nosebleed

la tosse
cough

lo starnuto
sneeze

il raffreddore
cold

l'influenza
flu

l'inalatore
inhaler

l'asma
asthma

i crampi
cramps

la nausea
nausea

la varicella
chickenpox

lo sfogo
rash

---

vocabolario • vocabulary

l'infarto heart attack	**il diabete** diabetes	**l'eczema** eczema	**l'infreddatura** chill	**vomitare** vomit (v)	**la diarrea** diarrhoea
l'ictus stroke	**l'allergia** allergy	**l'infezione** infection	**svenire** faint (v)	**l'epilessia** epilepsy	**il morbillo** measles
la pressione sanguigna blood pressure	**la febbre da fieno** hayfever	**il virus** virus	**il mal di stomaco** stomach ache	**l'emicrania** migraine	**gli orecchioni** mumps

il medico • doctor
la visita • consultation

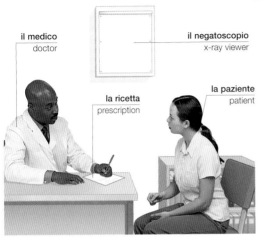

il medico
doctor

il negatoscopio
x-ray viewer

la ricetta
prescription

la paziente
patient

l'infermiera
nurse

la bilancia
scales

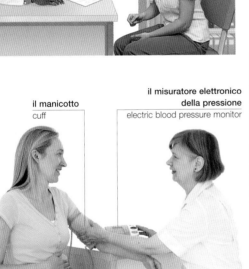

il manicotto
cuff

il misuratore elettronico della pressione
electric blood pressure monitor

vocabolario • vocabulary

l'appuntamento appointment	**l'inoculazione** inoculation
l'ambulatorio surgery	**il termometro** thermometer
la sala d'attesa waiting room	**la visita medica** medical examination

Ho bisogno di vedere un medico.
I need to see a doctor.

Ho un dolore qui.
It hurts here.

la ferita • injury

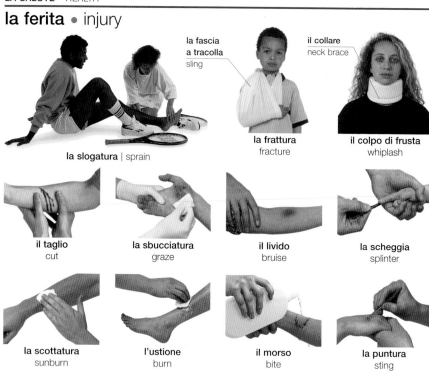

la fascia
a tracolla
sling

il collare
neck brace

la slogatura | sprain

la frattura
fracture

il colpo di frusta
whiplash

il taglio
cut

la sbucciatura
graze

il livido
bruise

la scheggia
splinter

la scottatura
sunburn

l'ustione
burn

il morso
bite

la puntura
sting

vocabolario • vocabulary

l'incidente accident	l'emorragia haemorrhage	la commozione cerebrale concussion	Si rimetterà? Will he/she be all right?
l'emergenza emergency	la vescica blister	la ferita alla testa head injury	Chiami un'ambulanza, per favore. Please call an ambulance.
la ferita wound	l'avvelenamento poisoning	la scossa elettrica electric shock	Dove le fa male? Where does it hurt?

il pronto soccorso • first aid

la pomata
ointment

il cerotto
plaster

la spilla da balia
safety pin

la benda
bandage

gli antidolorifici
painkillers

la salvietta
antisettica
antiseptic wipe

le pinzette
tweezers

le forbici
scissors

il disinfettante
antiseptic

la cassetta di pronto soccorso | first aid box

la garza
gauze

la bendatura
dressing

la stecca
splint

il nastro
adesivo
adhesive tape

la rianimazione
resuscitation

vocabolario • vocabulary

lo shock shock	**sterile** sterile	**soffocare** choke (v)	**Può aiutarmi?** Can you help?
privo di sensi unconscious	**la respirazione** breathing	**le pulsazioni** pulse	**Sa dare pronto soccorso?** Do you know first aid?

l'ospedale • hospital

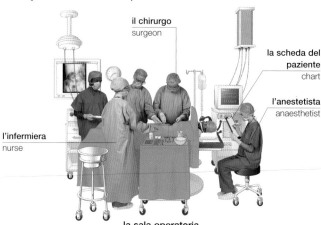

il chirurgo
surgeon

la scheda del paziente
chart

l'anestetista
anaesthetist

l'infermiera
nurse

la sala operatoria
operating theatre

l'analisi del sangue
blood test

l'iniezione
injection

la lettiga
trolley

il pulsante di chiamata
call button

la sala emergenze
emergency room

il reparto
ward

la sedia a rotelle
wheelchair

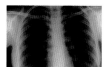

la radiografia
x-ray

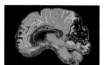

l'ecografia
scan

vocabolario • vocabulary

l'operazione operation	dimesso discharged	l'orario delle visite visiting hours
ricoverato admitted	la clinica clinic	il reparto pediatrico children's ward

il reparto maternità maternity ward	il paziente esterno outpatient
la camera privata private room	il reparto di cura intensiva intensive care unit

i reparti • departments

l'otorinolaringologia
ENT

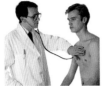
la cardiologia
cardiology

l'ortopedia
orthopaedy

la ginecologia
gynaecology

la fisioterapia
physiotherapy

la dermatologia
dermatology

la pediatria
paediatrics

la radiologia
radiology

la chirurgia
surgery

la maternità
maternity

la psichiatria
psychiatry

l'oftalmologia
ophthalmology

---

vocabolario • vocabulary

la neurologia neurology	**l'urologia** urology	**l'analisi** test	**la patologia** pathology	**il risultato** result
l'oncologia oncology	**l'endocrinologia** endocrinology	**lo specialista** consultant	**la chirurgia plastica** plastic surgery	**mandare da uno specialista** referral

---

il dentista • dentist
il dente • tooth

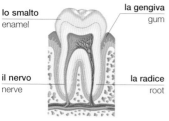

lo smalto
enamel

la gengiva
gum

il nervo
nerve

la radice
root

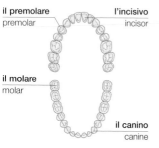

il premolare
premolar

l'incisivo
incisor

il molare
molar

il canino
canine

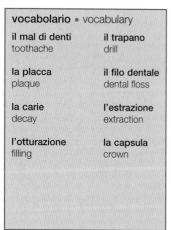

il controllo • check-up

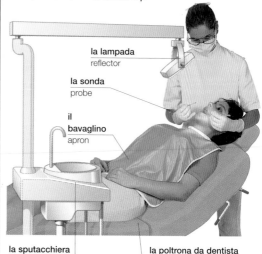

la lampada
reflector

la sonda
probe

il bavaglino
apron

la sputacchiera
basin

la poltrona da dentista
dentist's chair

---

vocabolario • vocabulary

il mal di denti toothache	**il trapano** drill
la placca plaque	**il filo dentale** dental floss
la carie decay	**l'estrazione** extraction
l'otturazione filling	**la capsula** crown

usare il filo
dentale
floss (v)

spazzolare
brush

l'apparecchio
correttore
brace

la radiografia
dentale
dental x-ray

la pellicola
radiografica
x-ray film

la dentiera
dentures

l'oculista • optician

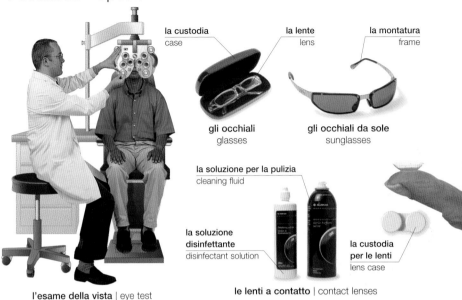

la custodia
case

la lente
lens

la montatura
frame

gli occhiali
glasses

gli occhiali da sole
sunglasses

la soluzione per la pulizia
cleaning fluid

la soluzione
disinfettante
disinfectant solution

la custodia
per le lenti
lens case

l'esame della vista | eye test

le lenti a contatto | contact lenses

l'occhio • eye

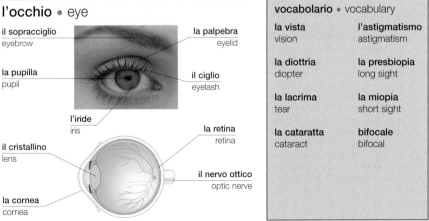

il sopracciglio
eyebrow

la palpebra
eyelid

la pupilla
pupil

il ciglio
eyelash

l'iride
iris

la retina
retina

il cristallino
lens

il nervo ottico
optic nerve

la cornea
cornea

vocabolario • vocabulary	
la vista vision	l'astigmatismo astigmatism
la diottria diopter	la presbiopia long sight
la lacrima tear	la miopia short sight
la cataratta cataract	bifocale bifocal

la gravidanza • pregnancy

il test di gravidanza
pregnancy test

l'ecografia
scan

il cordone
ombelicale
umbilical cord

la placenta
placenta

la cervice
cervix

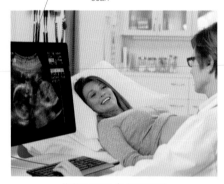

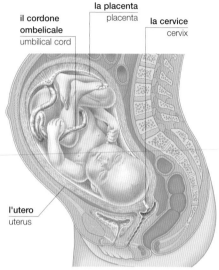

l'utero
uterus

l'ultrasuono | ultrasound

il feto | foetus

vocabolario • vocabulary

l'ovulazione ovulation	prenatale antenatal	l'utero womb	la dilatazione dilation	i punti stitches	podalico breech
il concepimento conception	il trimestre trimester	l'amniocentesi amniocentesis	l'epidurale epidural	il parto delivery	prematuro premature
incinta pregnant	l'embrione embryo	la contrazione contraction	l'episiotomia episiotomy	la nascita birth	il ginecologo gynaecologist
in stato interessante expectant	il liquido amniotico amniotic fluid	rompere le acque break waters (v)	il taglio cesareo caesarean section	l'aborto spontaneo miscarriage	l'ostetrico obstetrician

il parto • childbirth

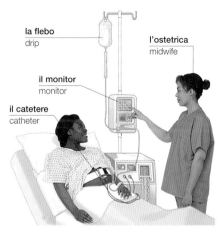

la flebo
drip

l'ostetrica
midwife

il monitor
monitor

il catetere
catheter

indurre il travaglio
induce labour (v)

l'incubatrice | incubator

il peso alla nascita
birth weight

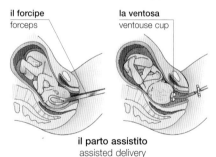

il forcipe
forceps

la ventosa
ventouse cup

il parto assistito
assisted delivery

la targhetta d'identità
identity tag

il neonato
newborn baby

l'allattamento • nursing

la pompa tiralatte
breast pump

**il reggiseno da
allattamento**
nursing bra

allattare al seno
breastfeed (v)

le coppe
pads

le terapie alternative • alternative therapy

la maglietta
t-shirt

il massaggio
massage

il tappetino
mat

lo shiatsu
shiatsu

lo yoga | yoga

la chiropratica
chiropractic

l'osteopatia
osteopathy

la riflessologia
reflexology

la meditazione
meditation

l'assistente
socio-psicologico
counsellor

il reiki
reiki

l'agopuntura
acupuncture

la terapia di gruppo
group therapy

la medicina aiurvedica
ayurveda

l'ipnositerapia
hypnotherapy

gli oli essenziali
essential oils

l'erbalismo
herbalism

l'aromaterapia
aromatherapy

l'omeopatia
homeopathy

l'agopressione
acupressure

la terapista
therapist

la psicoterapia
psychotherapy

vocabolario • vocabulary

la cristalloterapia crystal healing	**la naturopatia** naturopathy	**il rilassamento** relaxation	**l'erba** herb
l'idroterapia hydrotherapy	**il feng shui** feng shui	**lo stress** stress	**l'integratore** supplement

la casa
home

la casa • house

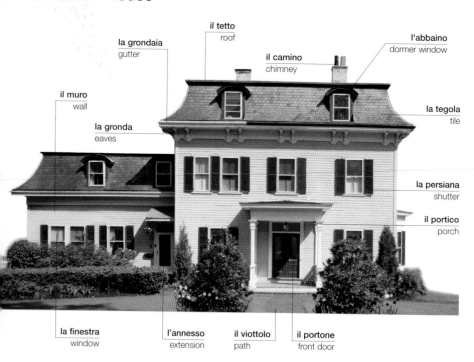

il tetto
roof

la grondaia
gutter

il camino
chimney

l'abbaino
dormer window

il muro
wall

la gronda
eaves

la tegola
tile

la persiana
shutter

il portico
porch

la finestra
window

l'annesso
extension

il viottolo
path

il portone
front door

vocabolario • vocabulary

unifamiliare detached	**la casa di città** townhouse	**il garage** garage	**il piano** floor	**il seminterrato** basement	**affittare** rent (v)
bifamiliare semidetached	**il bungalow** bungalow	**l'attico** attic	**il cortile** courtyard	**la stanza** room	**l'affitto** rent
a schiera terraced	**l'allarme** **antifurto** burglar alarm	**la cassetta** **per le lettere** letterbox	**la luce del** **portico** porch light	**il padrone** **di casa** landlord	**l'inquilino** tenant

l'ingresso • entrance

il pianerottolo
landing

il corrimano
hand rail

la ringhiera
banister

le scale
staircase

l'entrata
hallway

il campanello
doorbell

lo zerbino
doormat

il battente
door knocker

la catenella
door chain

la chiave
key

la serratura
lock

il chiavistello
bolt

l'appartamento • flat

il balcone
balcony

il palazzo
block of flats

il citofono
intercom

l'ascensore
lift

i sistemi interni • internal systems

la pala
blade

il ventilatore
fan

la stufa a convezione
convector heater

il calorifero
radiator

la stufa
heater

l'elettricità • electricity

la messa a terra
earthing

il filamento
filament

il piedino
pin

neutro
neutral

in tensione
live

la lampadina a risparmio energetico
energy-saving bulb

la spina
plug

i fili
wires

---

vocabolario • vocabulary

la tensione voltage	**il fusibile** fuse	**la presa** socket	**il generatore** generator	**il trasformatore** transformer
l'ampere amp	**la valvoliera** fuse box	**l'interruttore** switch	**l'elettricità** power	**l'alimentazione di rete** mains supply
l'interruzione di corrente power cut	**la corrente continua** direct current	**la corrente alternata** alternating current	**il contatore di corrente** electricity meter	

---

l'impianto idraulico • plumbing

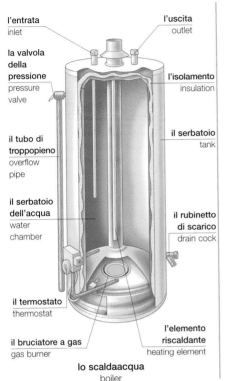

l'entrata
inlet

l'uscita
outlet

la valvola
della
pressione
pressure
valve

l'isolamento
insulation

il tubo di
troppopieno
overflow
pipe

il serbatoio
tank

il serbatoio
dell'acqua
water
chamber

il rubinetto
di scarico
drain cock

il termostato
thermostat

il bruciatore a gas
gas burner

l'elemento
riscaldante
heating element

lo scaldaacqua
boiler

l'acquaio • sink

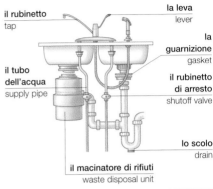

il rubinetto
tap

la leva
lever

la
guarnizione
gasket

il tubo
dell'acqua
supply pipe

il rubinetto
di arresto
shutoff valve

lo scolo
drain

il macinatore di rifiuti
waste disposal unit

il water • water closet

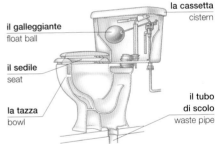

la cassetta
cistern

il galleggiante
float ball

il sedile
seat

il tubo
di scolo
waste pipe

la tazza
bowl

lo smaltimento dei rifiuti • waste disposal

la bottiglia
bottle

il coperchio
lid

il pedale
pedal

il contenitore
di riciclaggio
recycling bin

la pattumiera
rubbish bin

l'unità di
smistamento
sorting unit

i rifiuti organici
organic waste

il salotto • living room

l'applique
wall light

il caminetto
fireplace

il soffitto
ceiling

il vaso
vase

il cuscino
cushion

la lampada
lamp

il tavolino
coffee table

il divano
sofa

il pavimento
floor

la cornice
frame

la tenda
curtain

la tendina
net curtain

la veneziana
venetian blind

l'avvolgibile
roller blind

il quadro
painting

la cornice
moulding

la poltrona
armchair

la libreria
bookshelf

il divano letto
sofabed

il tappeto
rug

lo studio | study

la sala da pranzo • dining room

il pepe
pepper

il sale
salt

il tavolo
table

i piatti
crockery

le posate
cutlery

la sedia
chair

lo schienale
back

il sedile
seat

la gamba
leg

---

vocabolario • vocabulary

servire serve (v)	**la colazione** breakfast	**il pranzo** lunch	**sazio** full	**affamato** hungry	**Posso averne ancora,** **per favore?** Can I have some more, please?
mangiare eat (v)	**la tovaglia** tablecloth	**la cena** dinner	**il pasto** meal	**l'ospite** guest	**Sono sazio, grazie.** I've had enough, thank you.
apparecchiare lay the table (v)	**il sottopiatto** place mat	**la porzione** portion	**il padrone di casa** host	**la padrona di casa** hostess	**Era squisito.** That was delicious.

le stoviglie e le posate • crockery and cutlery

la tazza
mug

la tazzina da caffè
coffee cup

la tazza da tè
teacup

il cucchiaino
teaspoon

il piatto
plate

la ciotola
bowl

la caffettiera
cafetière

la teiera
teapot

la brocca
jug

il portauovo
egg cup

il calice da vino
wine glass

il bicchiere
tumbler

la cristalleria
glassware

il portatovagliolo
napkin ring

il piattino
side plate

il piatto
piano
dinner plate

il piatto
fondo
soup bowl

il cucchiaio da
minestra
soup spoon

la forchetta
fork

il tovagliolo
napkin

il cucchiaio
spoon

il coltello
knife

il coperto
place setting

la cucina • kitchen

le mensole shelves	**la cappa** extractor
l'alzatina paraspruzzi splashback	**il fornello di ceramica** ceramic hob
il rubinetto tap	**il piano di lavoro** worktop
il lavandino sink	**il forno** oven
il cassetto drawer	**l'armadietto** cabinet

gli elettrodomestici • appliances

il forno a microonde
microwave oven

il recipiente mixing bowl

il coperchio lid

la lama blade

il bollitore
kettle

il tostapane
toaster

il tritatutto
food processor

il frullatore
blender

la lavastoviglie
dishwasher

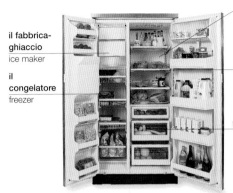

il frigorifero
refrigerator

il fabbrica-
ghiaccio
ice maker

il
congelatore
freezer

la mensola
shelf

il cassetto
per la verdura
crisper

il frigocongelatore | fridge-freezer

vocabolario • vocabulary

il piano di
cottura
hob

lo scolapiatti
draining board

il fornello
burner

la pattumiera
rubbish bin

congelare
freeze (v)

scongelare
defrost (v)

cuocere al
vapore
steam (v)

saltare in
padella
sauté (v)

cucinare • cooking

sbucciare
peel (v)

affettare
slice (v)

grattugiare
grate (v)

versare
pour (v)

mescolare
mix (v)

sbattere
whisk (v)

bollire
boil (v)

friggere
fry (v)

spianare
roll (v)

rimestare
stir (v)

**cuocere a
fuoco lento**
simmer (v)

affogare
poach (v)

cuocere al forno
bake (v)

arrostire
roast (v)

**cuocere alla
griglia**
grill (v)

gli utensili da cucina • kitchenware

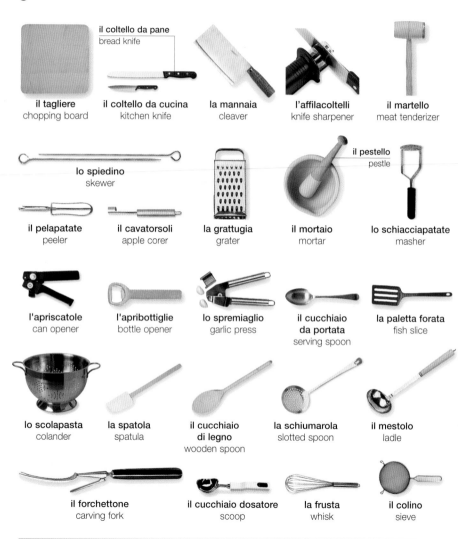

il coltello da pane
bread knife

il tagliere
chopping board

il coltello da cucina
kitchen knife

la mannaia
cleaver

l'affilacoltelli
knife sharpener

il martello
meat tenderizer

lo spiedino
skewer

il pestello
pestle

il pelapatate
peeler

il cavatorsoli
apple corer

la grattugia
grater

il mortaio
mortar

lo schiacciapatate
masher

l'apriscatole
can opener

l'apribottiglie
bottle opener

lo spremiaglio
garlic press

**il cucchiaio
da portata**
serving spoon

la paletta forata
fish slice

lo scolapasta
colander

la spatola
spatula

**il cucchiaio
di legno**
wooden spoon

la schiumarola
slotted spoon

il mestolo
ladle

il forchettone
carving fork

il cucchiaio dosatore
scoop

la frusta
whisk

il colino
sieve

il coperchio
lid

antiaderente
non-stick

la padella
frying pan

la pentola
saucepan

la padella per grigliare
grill pan

il wok
wok

**la casseruola di
terracotta**
earthenware dish

di vetro
glass

pirofilo
ovenproof

la scodella
mixing bowl

**lo stampo
per soufflé**
soufflé dish

**il piatto
da gratin**
gratin dish

lo stampo
ramekin

la casseruola
casserole dish

la cottura dei dolci • baking cakes

la bilancia
scales

**il bricco
misuratore**
measuring jug

**lo stampo
per dolci**
cake tin

**lo stampo
per torte**
pie tin

**lo stampo
per flan**
flan tin

il pennello da cucina
pastry brush

il matterello
rolling pin

la tasca da pasticciere
piping bag

**la teglia per
pasticcini**
muffin tray

**la placca
da forno**
baking tray

la gratella
cooling rack

**il guanto
da forno**
oven glove

il grembiule
apron

la camera da letto • bedroom

l'armadio
wardrobe

l'abatjour
bedside lamp

la testata
headboard

il comodino
bedside table

il cassettone
chest of drawers

il cassetto	il letto	il materasso	il copriletto	il guanciale
drawer	bed	mattress	bedspread	pillow

la borsa calda
hot-water bottle

la radiosveglia
clock radio

la sveglia
alarm clock

la scatola di fazzolettini
box of tissues

la gruccia
coat hanger

la biancheria da letto • bed linen

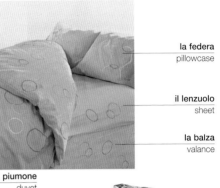

lo specchio
mirror

la toeletta
dressing
table

il pavimento
floor

la federa
pillowcase

il lenzuolo
sheet

la balza
valance

il piumone
duvet

la trapunta
quilt

la coperta
blanket

vocabolario • vocabulary

la termocoperta electric blanket	**la molla** spring	**l'insonnia** insomnia	**svegliarsi** wake up (v)	**mettere la sveglia** set the alarm (v)
il letto singolo single bed	**il tappeto** carpet	**andare a letto** go to bed (v)	**alzarsi** get up (v)	**russare** snore (v)
il letto matrimoniale double bed	**la pedana del letto** footboard	**addormentarsi** go to sleep (v)	**fare il letto** make the bed (v)	**l'armadio a muro** built-in wardrobe

la stanza da bagno • bathroom

la porta
della doccia
shower door

il rubinetto
dell'acqua fredda
cold tap

il rubinetto
dell'acqua
calda
hot tap

il soffione
della doccia
shower head

il portasciugamani
towel rail

il lavandino
washbasin

il tappo
plug

la doccia
shower

lo scolo
drain

il sedile
toilet seat

il water
toilet

la spazzola
da water
toilet brush

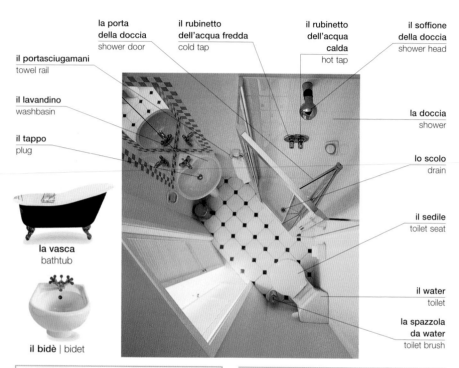

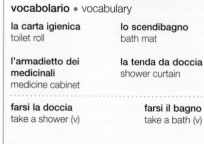

la vasca
bathtub

il bidè | bidet

vocabolario • vocabulary

la carta igienica
toilet roll

lo scendibagno
bath mat

l'armadietto dei
medicinali
medicine cabinet

la tenda da doccia
shower curtain

farsi la doccia
take a shower (v)

farsi il bagno
take a bath (v)

l'igiene dentale • dental hygiene

lo spazzolino da denti
toothbrush

il filo
interdentale
dental floss

il dentifricio
toothpaste

il collutorio
mouthwash

la spugna
sponge

la pomice
pumice stone

la spazzola
back brush

il deodorante
deodorant

il portasapone
soap dish

il gel per doccia
shower gel

il sapone
soap

la crema per il viso
face cream

il bagnoschiuma
bubble bath

l'asciugamano
piccolo
hand towel

l'asciugamano
grande
bath towel

gli asciugamani
towels

la lozione per il corpo
body lotion

il talco
talcum powder

l'accappatoio
bathrobe

la rasatura • shaving

il rasoio
elettrico
electric razor

la schiuma da barba
shaving foam

il rasoio monouso
disposable razor

la lametta
razor blade

il dopobarba
aftershave

la camera dei bambini • nursery

l'igiene del neonato • baby care

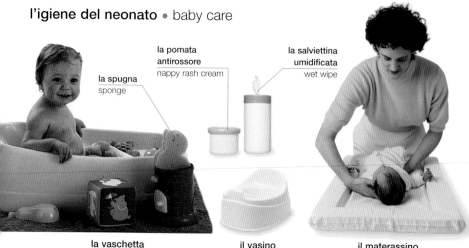

la pomata antirossore
nappy rash cream

la salviettina umidificata
wet wipe

la spugna
sponge

la vaschetta
baby bath

il vasino
potty

il materassino
changing mat

dormire • sleeping

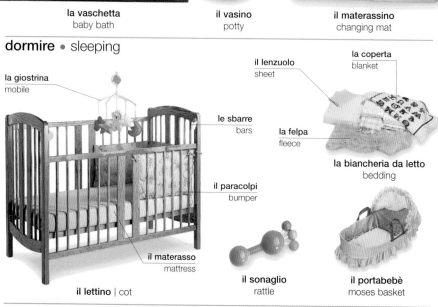

il lenzuolo
sheet

la coperta
blanket

la giostrina
mobile

le sbarre
bars

la felpa
fleece

la biancheria da letto
bedding

il paracolpi
bumper

il materasso
mattress

il lettino | cot

il sonaglio
rattle

il portabebè
moses basket

il gioco • playing

la bambola
doll

il giocattolo di pezza
soft toy

la casa delle bambole
doll's house

la casa da gioco
playhouse

la sicurezza •
safety

il fermo di
sicurezza
child lock

l'interfono
baby monitor

l'orsacchiotto
teddy bear

il giocattolo
toy

il cesto dei giocattoli
toy basket

la palla
ball

il box
playpen

lo sbarramento
stair gate

il pasto • eating

il seggiolone
high chair

la tettarella
teat

la tazza
per bere
drinking cup

il biberon
bottle

la passeggiata • going out

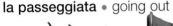

la capote
hood

il passeggino
pushchair

la carrozzina
pram

il pannolino
nappy

la culla portatile
carrycot

la borsa per il cambio
changing bag

il marsupio
baby sling

la lavanderia • utility room

il bucato • laundry

i panni
sporchi
dirty washing

i vestiti puliti
clean clothes

il cesto della
biancheria da lavare
laundry basket

la lavatrice
washing machine

la lavasciuga
washer-dryer

l'asciugabiancheria
tumble dryer

il cesto della
biancheria pulita
linen basket

la corda
per bucato
clothes line

il ferro da stiro
iron

la molletta
clothes peg

asciugare
dry (v)

l'asse da stiro | ironing board

---

vocabolario • vocabulary

caricare load (v)	centrifugare spin (v)	stirare iron (v)	Come funziona la lavatrice? How do I operate the washing machine?
sciacquare rinse (v)	la centrifuga spin dryer	l'ammorbidente conditioner	Qual è il programma per i tessuti colorati/bianchi? What is the setting for coloureds/whites?

gli accessori per la pulizia • cleaning equipment

il tubo di aspirazione
suction hose

la spazzola
brush

la paletta
dust pan

la varechina
bleach

il secchio
bucket

in polvere
powder

liquido
liquid

lo spolverino
duster

l'aspirapolvere
vacuum cleaner

la scopa lavapavimenti
mop

il detergente
detergent

la cera
polish

le attività • activities

pulire
clean (v)

lavare
wash (v)

asciugare
wipe (v)

fregare
scrub (v)

raschiare
scrape (v)

la scopa
broom

spazzare
sweep (v)

spolverare
dust (v)

lucidare
polish (v)

il laboratorio • workshop

la sega da traforo
jigsaw

il mandrino
chuck

la batteria
battery pack

il trapano ricaricabile
rechargeable drill

il trapano elettrico
electric drill

la punta
drill bit

la pistola per colla
glue gun

il morsetto
clamp

la morsa
vice

la lama
blade

la levigatrice
sander

la sega circolare
circular saw

il banco da lavoro
workbench

la colla da legno
wood glue

la contornitrice
router

i trucioli
wood shavings

la rastrelliera
per gli arnesi
tool rack

il girabacchino
bit brace

la prolunga
extension lead

le tecniche • techniques

tagliare
cut (v)

segare
saw (v)

forare
drill (v)

martellare
hammer (v)

la lega per saldatura
solder

piallare
plane (v)

tornire
turn (v)

incidere
carve (v)

saldare
solder (v)

i materiali • materials

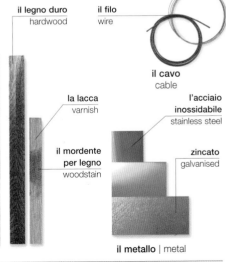

il legno duro
hardwood

il filo
wire

l'MDF
MDF

il compensato
plywood

il truciolato
chipboard

il cavo
cable

la lacca
varnish

l'acciaio
inossidabile
stainless steel

la masonite
hardboard

il mordente
per legno
woodstain

zincato
galvanised

il legno
dolce
softwood

il legno | wood

il metallo | metal

la scatola degli attrezzi • toolbox

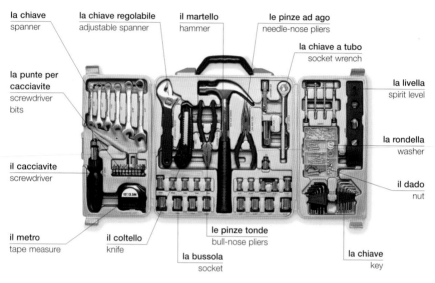

la chiave
spanner

la chiave regolabile
adjustable spanner

il martello
hammer

le pinze ad ago
needle-nose pliers

la chiave a tubo
socket wrench

la punte per cacciavite
screwdriver bits

la livella
spirit level

il cacciavite
screwdriver

la rondella
washer

il dado
nut

il metro
tape measure

il coltello
knife

le pinze tonde
bull-nose pliers

la bussola
socket

la chiave
key

le punte • drill bits

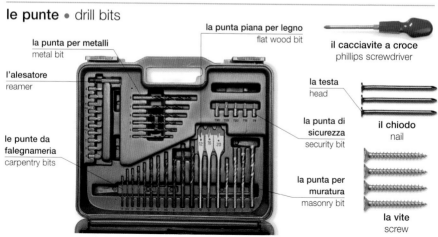

la punta per metalli
metal bit

la punta piana per legno
flat wood bit

il cacciavite a croce
phillips screwdriver

l'alesatore
reamer

la testa
head

il chiodo
nail

la punta di sicurezza
security bit

le punte da falegnameria
carpentry bits

la punta per muratura
masonry bit

la vite
screw

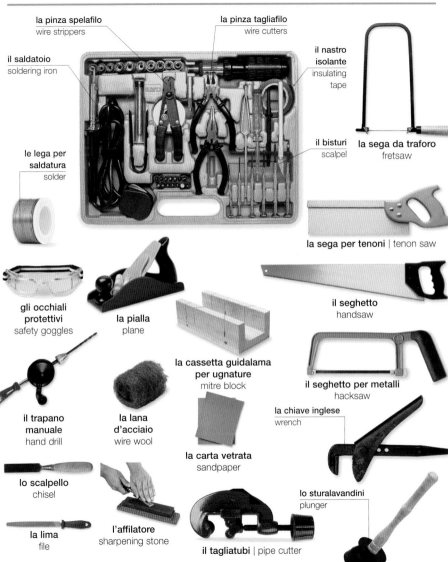

la pinza spelafilo
wire strippers

la pinza tagliafilo
wire cutters

il saldatoio
soldering iron

il nastro
isolante
insulating
tape

il bisturi
scalpel

la sega da traforo
fretsaw

le lega per
saldatura
solder

la sega per tenoni | tenon saw

gli occhiali
protettivi
safety goggles

la pialla
plane

il seghetto
handsaw

la cassetta guidalama
per ugnature
mitre block

il seghetto per metalli
hacksaw

il trapano
manuale
hand drill

la lana
d'acciaio
wire wool

la chiave inglese
wrench

lo scalpello
chisel

la carta vetrata
sandpaper

lo sturalavandini
plunger

la lima
file

l'affilatore
sharpening stone

il tagliatubi | pipe cutter

la decorazione • decorating

le forbici
scissors

il decoratore
decorator

la spazzola
wallpaper brush

il coltello da pacchi
craft knife

la carta da parati
wallpaper

il tavolo da lavoro
pasting table

il filo a piombo
plumb line

la scala a libretto
stepladder

il pennello da colla
pasting brush

il raschietto
scraper

la colla da parati
wallpaper paste

il secchio
bucket

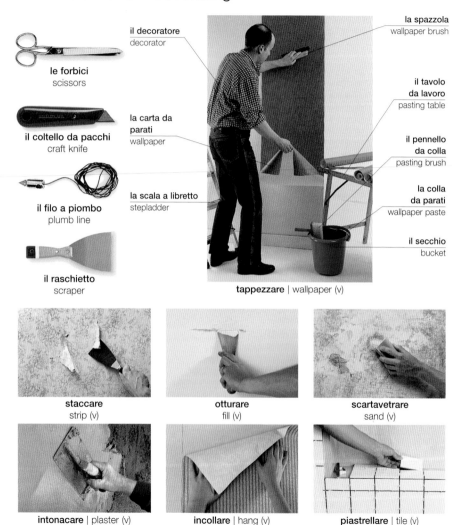

tappezzare | wallpaper (v)

staccare
strip (v)

otturare
fill (v)

scartavetrare
sand (v)

intonacare | plaster (v)

incollare | hang (v)

piastrellare | tile (v)

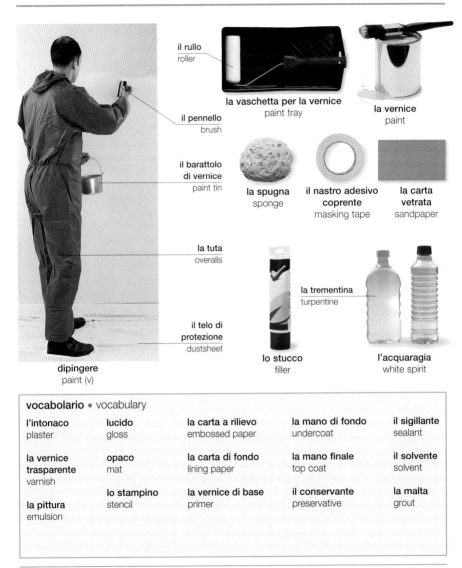

il rullo
roller

la vaschetta per la vernice
paint tray

la vernice
paint

il pennello
brush

il barattolo
di vernice
paint tin

la spugna
sponge

il nastro adesivo
coprente
masking tape

la carta
vetrata
sandpaper

la tuta
overalls

la trementina
turpentine

il telo di
protezione
dustsheet

lo stucco
filler

l'acquaragia
white spirit

dipingere
paint (v)

vocabolario • vocabulary

l'intonaco plaster	lucido gloss	la carta a rilievo embossed paper	la mano di fondo undercoat	il sigillante sealant
la vernice trasparente varnish	opaco mat	la carta di fondo lining paper	la mano finale top coat	il solvente solvent
la pittura emulsion	lo stampino stencil	la vernice di base primer	il conservante preservative	la malta grout

il giardino • garden

i tipi di giardino • garden styles

il giardino a patio
patio garden

il giardino all'italiana | formal garden

il giardino all'inglese
cottage garden

il giardino di erbe
herb garden

il giardino pensile
roof garden

il giardino di rocce
rock garden

il cortile
courtyard

il giardino acquatico
water garden

gli ornamenti per il giardino • garden features

il cesto sospeso
hanging basket

il graticcio
trellis

la pergola
pergola

la pavimentazione
paving

il sentiero
path

la concimaia
compost heap

l'aiuola
flowerbed

il cancello
gate

il capanno
shed

la serra
greenhouse

il recinto
fence

il bordo erbaceo
herbaceous border

il prato
lawn

il laghetto
pond

la siepe
hedge

l'arco
arch

l'orto
vegetable
garden

il terreno • soil

lo strato
superficiale
topsoil

la sabbia
sand

il calcare
chalk

il limo
silt

l'argilla
clay

il tavolato
decking

la fontana | fountain

le piante da giardino • garden plants

i tipi di piante • types of plants

annuale
annual

biennale
biennial

perenne
perennial

il bulbo
bulb

la felce
fern

il giunco
rush

il bambù
bamboo

le erbacce
weeds

l'erba aromatica
herb

la pianta acquatica
water plant

l'albero
tree

la palma
palm

la conifera
conifer

sempreverde
evergreen

a foglie caduche
deciduous

l'arte topiaria
topiary

le piante da roccia
alpine

la pianta grassa
succulent

il cactus
cactus

la pianta da vaso
potted plant

la pianta d'ombra
shade plant

il rampicante
climber

**l'arbusto
da fiore**
flowering shrub

**la pianta
copriterreno**
ground cover

la pianta strisciante
creeper

ornamentale
ornamental

l'erba
grass

gli attrezzi da giardino • garden tools

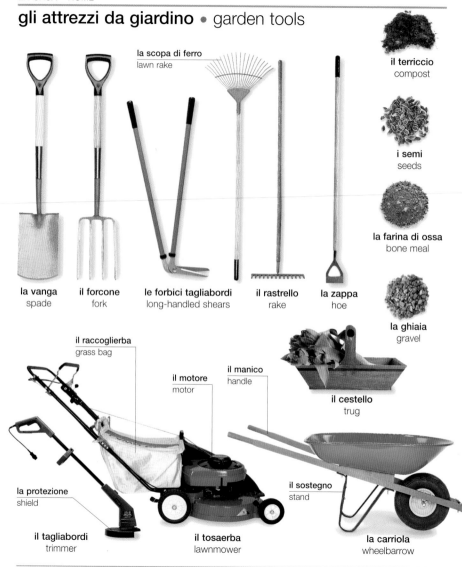

la scopa di ferro
lawn rake

il terriccio
compost

i semi
seeds

la farina di ossa
bone meal

la vanga
spade

il forcone
fork

le forbici tagliabordi
long-handled shears

il rastrello
rake

la zappa
hoe

la ghiaia
gravel

il raccoglierba
grass bag

il motore
motor

il manico
handle

il cestello
trug

la protezione
shield

il sostegno
stand

il tagliabordi
trimmer

il tosaerba
lawnmower

la carriola
wheelbarrow

la forchetta
hand fork

la cesoia
secateurs

i guanti da giardinaggio
gardening gloves

lo spago
twine

le etichette
labels

la paletta
trowel

le fettucce
twist ties

la lama
blade

il semenzaio
seed tray

gli anelli
ring ties

le canne
canes

le forbici da giardino
shears

il setaccio
sieve

la sega
hand saw

il pesticida
pesticide

il vaso da fiori
plant pot

le galosce
rubber boots

l'annaffiatura • watering

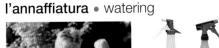

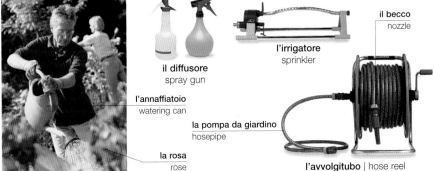

il diffusore
spray gun

l'irrigatore
sprinkler

il becco
nozzle

l'annaffiatoio
watering can

la pompa da giardino
hosepipe

la rosa
rose

l'avvolgitubo | hose reel

il giardinaggio • gardening

il prato
lawn

l'aiuola
flowerbed

il tosaerba
lawnmower

la siepe
hedge

il tutore
stake

tagliare l'erba | mow (v)

ricoprire di zolle erbose
turf (v)

inforcare
spike (v)

rastrellare
rake (v)

spuntare
trim (v)

scavare
dig (v)

seminare
sow (v)

concimare a spandimento
top dress (v)

annaffiare
water (v)

la canna
cane

far crescere
train (v)

togliere i fiori appassiti
deadhead (v)

spruzzare
spray (v)

innestare
graft (v)

la talea
cutting

propagare
propagate (v)

potare
prune (v)

legare a un tutore
stake (v)

trapiantare
transplant (v)

sradicare le erbacce
weed (v)

coprire con strato protettivo
mulch (v)

raccogliere
harvest (v)

vocabolario • vocabulary

coltivare cultivate (v)	**architettare** landscape (v)	**concimare** fertilize (v)	**setacciare** sieve (v)	**biologico** organic	**il semenzale** seedling	**il sottosuolo** subsoil
curare tend (v)	**invasare** pot up (v)	**cogliere** pick (v)	**aerare** aerate (v)	**lo scolo** drainage	**il concime** fertilizer	**il diserbante** weedkiller

i servizi
services

i servizi di emergenza • emergency services

l'ambulanza • ambulance

la barella
stretcher

l'ambulanza
ambulance

il paramedico
paramedic

la polizia • police

il distintivo
badge

l'uniforme
uniform

la sirena
siren

le luci
lights

l'auto della polizia
police car

la stazione di polizia
police station

il manganello
truncheon

la
pistola
gun

le manette
handcuffs

l'agente
police officer

vocabolario • vocabulary

il commissario inspector	il furto burglary	la denuncia complaint	l'arresto arrest
l'investigatore detective	l'aggressione assault	l'indagine investigation	la cella police cell
il reato crime	l'impronta digitale fingerprint	il sospetto suspect	l'accusa charge

i vigili del fuoco • fire brigade

il casco
helmet

il fumo
smoke

l'idrante
hose

la gabbia
cradle

il getto d'acqua
water jet

i vigili del fuoco
fire fighters

il braccio
boom

la scala
ladder

la cabina
cab

l'incendio | fire

la caserma dei vigili del fuoco
fire station

la scala di sicurezza
fire escape

l'autopompa
fire engine

l'allarme antifumo
smoke alarm

l'allarme antincendio
fire alarm

l'ascia
axe

l'estintore
fire extinguisher

l'idrante
hydrant

Ho bisogno della polizia/dei vigili del fuoco/di un'ambulanza. I need the police/fire brigade/ambulance.	**C'è un incendio a…** There's a fire at…	**C'è stato un incidente.** There's been an accident.	**Chiamate la polizia!** Call the police!

la banca • bank

il cliente
customer

lo sportello
window

il cassiere
cashier

i dépliants
leaflets

il banco
counter

i moduli di versamento
paying-in slips

la carta di debito
debit card

la matrice
stub

il numero di conto
account number

la firma
signature

l'importo
amount

il direttore
bank manager

la carta di credito
credit card

il libretto degli assegni
chequebook

l'assegno
cheque

---

vocabolario • vocabulary

i risparmi savings	l'ipoteca mortgage	il pagamento payment	versare pay in (v)	il conto corrente current account
l'imposta tax	lo scoperto overdraft	il prestito loan	il pin pin number	il conto di risparmio savings account
l'addebito diretto direct debit	il tasso d'interesse interest rate	il modulo di prelievo withdrawal slip	la commissione bancaria bank charge	il bonifico bancario bank transfer

---

la moneta
coin

la banconota
note

lo schermo
screen

la tastiera
key pad

la fessura
per la carta
card slot

il denaro
money

la cassa automatica
cash machine

la valuta estera • foreign currency

l'ufficio di cambio
bureau de change

il travel cheque
traveller's cheque

il tasso di cambio
exchange rate

vocabolario • vocabulary

incassare	le azioni
cash (v)	shares
la denominazione	i dividendi
denomination	dividends
la commissione	il contabile
commission	accountant
l'investimento	il portafoglio
investment	portfolio
i titoli	il capitale netto
stocks	equity

Posso cambiare questo?
Can I change this please?

Qual è il tasso di cambio oggi?
What's today's exchange rate?

la finanza • finance

il corso per azione
share price

il broker
stockbroker

la consulente
finanziaria
financial advisor

la borsa valori | stock exchange

le comunicazioni • communications

l'impiegato
delle poste
postal worker

lo sportello
window

la bilancia
scales

il banco
counter

l'ufficio postale | post office

il timbro postale
postmark

il francobollo
stamp

l'indirizzo
address

il codice di
avviamento postale
postal code

la busta | envelope

il postino
postman

vocabolario • vocabulary

la lettera letter	il mittente return address	la consegna delivery	fragile fragile	non piegare do not bend (v)
posta aerea by airmail	la firma signature	l'affrancatura postage	il sacco postale mailbag	alto this way up
la posta racco- mandata registered post	la raccolta collection	il vaglia postale postal order	il telegramma telegram	il fax fax

la buca delle lettere
postbox

la cassetta delle lettere
letterbox

il pacco
parcel

il corriere
courier

il telefono • telephone

il ricevitore
handset

la base
base station

il telefono senza fili
cordless phone

la segreteria tele-fonica
answering machine

il videotelefono
video phone

la cabina telefonica
telephone box

lo smartphone
smartphone

il telefonino
mobile phone

la tastiera
keypad

il ricevitore
receiver

le monete non utilizzate
coin return

il telefono pubblico
payphone

vocabolario • vocabulary

il servizio informazioni abbonati directory enquiries	**comporre** dial (v)	**l'operatore** operator	**Può darmi il numero per...?** Can you give me the number for...?
la chiamata a carico del destinatario reverse charge call	**rispondere** answer (v)	**occupato** engaged/busy	**Qual è il prefisso per...?** What is the dialling code for...?
il codice d'accesso passcode	**il messaggio (SMS)** text	**staccato** disconnected	**Mandami un SMS!** Text me!
	il messaggio vocale voice message	**l'app** app	

l'albergo • hotel
l'ingresso • lobby

l'ospite
guest

la chiave della camera
room key

i messaggi
messages

la casella
pigeonhole

l'addetta
alla ricezione
receptionist

il registro
register

il banco
counter

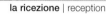

la ricezione | reception

il bagaglio
luggage

il carrello
trolley

il facchino
porter

l'ascensore
lift

il numero della camera
room number

le camere • rooms

la camera singola
single room

la camera doppia
double room

la camera a due letti
twin room

il bagno privato
private bathroom

i servizi • services

il servizio di pulizia
maid service

**il servizio
di lavanderia**
laundry service

il vassoio della colazione
breakfast tray

il servizio in camera | room service

il minibar
mini bar

il ristorante
restaurant

la palestra
gym

la piscina
swimming pool

---

vocabolario • vocabulary

la pensione completa
full board

la mezza pensione
half board

la pensione con colazione
bed and breakfast

Avete una camera libera?
Do you have any vacancies?

Ho una prenotazione
I have a reservation.

Vorrei una camera singola
I'd like a single room.

Vorrei una camera per tre notti.
I'd like a room for three nights.

Quanto costa la camera a notte?
What is the charge per night?

Quando devo lasciare la stanza?
When do I have to vacate the
room?

gli acquisti
shopping

il centro commerciale • shopping centre

l'atrio
atrium

l'insegna
sign

l'ascensore
lift

il secondo piano
second floor

il primo piano
first floor

la scala mobile
escalator

il piano terra
ground floor

il cliente
customer

vocabolario • vocabulary

il reparto bambini
children's department

il reparto bagagli
luggage department

il reparto calzature
shoe department

il commesso
sales assistant

la guida al negozio
store directory

l'assistenza ai clienti
customer services

i camerini
changing rooms

le toilettes
toilets

spazio con fasciatoio
baby changing facilities

Quanto costa questo?
How much is this?

Posso cambiare questo?
May I exchange this?

il grande magazzino • department store

l'abbigliamento da uomo
men's wear

l'abbigliamento da donna
women's wear

la biancheria intima
lingerie

la profumeria
perfumery

la bellezza
beauty

la biancheria
linen

l'arredamento per la casa
home furnishings

la merceria
haberdashery

gli articoli da cucina
kitchenware

la porcellana
china

gli articoli elettronici
electrical goods

l'illuminazione
lighting

gli articoli sportivi
sports

i giocattoli
toys

la cancelleria
stationery

il reparto alimentari
food hall

il supermercato • supermarket

la corsia
aisle

lo scaffale
shelf

il nastro convogliatore
conveyer belt

il cassiere
cashier

le offerte
offers

la cassa | checkout

il cliente
customer

la cassa
till

la busta della spesa
shopping bag

la spesa
groceries

il manico
handle

il codice a barre
bar code

il carrello
trolley

il cestino
basket

il lettore ottico
scanner

la panetteria
bakery

i latticini
dairy

i cereali da colazione
breakfast cereals

lo scatolame
tinned food

i dolci
confectionery

le verdure
vegetables

la frutta
fruit

la carne e il pollame
meat and poultry

il pesce
fish

la salumeria
deli

i surgelati
frozen food

i cibi pronti
convenience food

le bibite
drinks

i casalinghi
household products

gli articoli da toilette
toiletries

i prodotti per bambini
baby products

gli articoli elettrici
electrical goods

il cibo per animali
pet food

le riviste | magazines

la farmacia • chemist

i prodotti
per i denti
dental care

l'igiene
femminile
feminine
hygiene

i deodoranti
deodorants

le vitamine
vitamins

il dispensario
dispensary

il farmacista
pharmacist

la medicina
per la tosse
cough medicine

i rimedi fitoterapici
herbal remedies

i prodotti per la pelle
skin care

il doposole
aftersun

la crema schermo
sunscreen

la crema
schermo totale
sunblock

l'insettifugo
insect repellent

la salviettina umidificata
wet wipe

il fazzolettino
tissue

l'assorbente
sanitary towel

il tampone
tampon

il salvaslip
panty liner

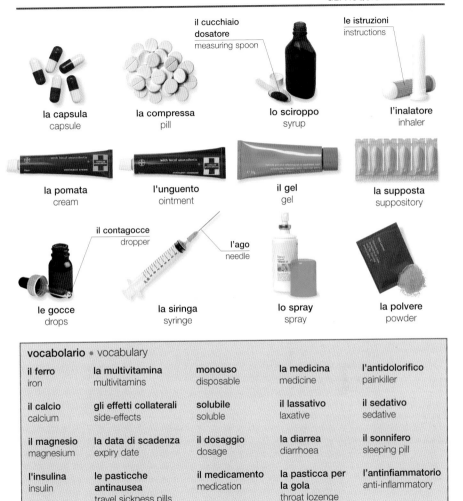

il cucchiaio dosatore
measuring spoon

le istruzioni
instructions

la capsula
capsule

la compressa
pill

lo sciroppo
syrup

l'inalatore
inhaler

la pomata
cream

l'unguento
ointment

il gel
gel

la supposta
suppository

il contagocce
dropper

l'ago
needle

le gocce
drops

la siringa
syringe

lo spray
spray

la polvere
powder

vocabolario • vocabulary

il ferro iron	**la multivitamina** multivitamins	**monouso** disposable	**la medicina** medicine	**l'antidolorifico** painkiller
il calcio calcium	**gli effetti collaterali** side-effects	**solubile** soluble	**il lassativo** laxative	**il sedativo** sedative
il magnesio magnesium	**la data di scadenza** expiry date	**il dosaggio** dosage	**la diarrea** diarrhoea	**il sonnifero** sleeping pill
l'insulina insulin	**le pasticche antinausea** travel sickness pills	**il medicamento** medication	**la pasticca per la gola** throat lozenge	**l'antinfiammatorio** anti-inflammatory

il fioraio • florist

i fiori
flowers

il giglio
lily

l'acacia
acacia

il garofano
carnation

**la pianta
da vaso**
pot plant

il gladiolo
gladiolus

l'iris
iris

la margherita
daisy

il crisantemo
chrysanthemum

la gipsofila
gypsophila

la violacciocca
stocks

la gerbera
gerbera

il fogliame
foliage

la rosa
rose

la fresia
freesia

il vaso
vase

l'orchidea
orchid

la peonia
peony

il mazzetto
bunch

lo stelo
stem

il narciso
daffodil

il bocciolo
bud

l'incarto
wrapping

il tulipano | tulip

gli arrangiamenti • arrangements

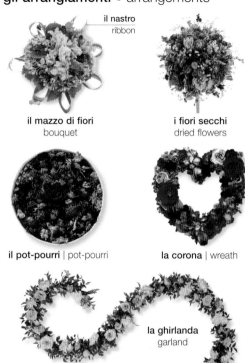

il nastro
ribbon

il mazzo di fiori
bouquet

i fiori secchi
dried flowers

il pot-pourri | pot-pourri

la corona | wreath

la ghirlanda
garland

**Mi dà un mazzo di...
per favore?**
Can I have a bunch of…
please.

Me li può incartare?
Can I have them wrapped?

**Posso allegare un
messaggio?**
Can I attach a message?

Quanto dureranno?
How long will these last?

Sono profumati?
Are they fragrant?

Li può mandare a...?
Can you send them to….?

l'edicola • newsagent

le sigarette
cigarettes

il pacchetto di sigarette
packet of cigarettes

i francobolli
stamps

la cartolina
postcard

il giornalino a fumetti
comic

la rivista
magazine

il giornale
newspaper

fumare • smoking

il tabacco
tobacco

l'accendino
lighter

il bocchino
stem

il fornello
bowl

la pipa
pipe

il sigaro
cigar

il confettiere • confectioner

la scatola di cioccolatini
box of chocolates

la merendina
snack bar

le patatine
crisps

il negozio di dolciumi | sweet shop

vocabolario • vocabulary

il caramello
caramel

il biscotto
biscuit

il tartufo
truffle

le caramelle
boiled sweets

il cioccolato al latte
milk chocolate

il cioccolato bianco
white chocolate

il cioccolato fondente
plain chocolate

la caramelle assortite
pick and mix

i dolciumi • confectionery

il cioccolatino
chocolate

la tavoletta di cioccolata
chocolate bar

le caramelle
sweets

il lecca lecca
lollipop

la caramella mou
toffee

il torrone
nougat

la caramella gommosa
marshmallow

la mentina
mint

la gomma da masticare
chewing gum

la caramella di gelatina
jellybean

la caramella alla frutta
fruit gum

la liquirizia
licquorice

gli altri negozi • other shops

il panificio
baker's

la pasticceria
cake shop

la macelleria
butcher's

la pescheria
fishmonger's

il fruttivendolo
greengrocer's

la drogheria
grocer's

**il negozio di
calzature**
shoe shop

**il negozio di
ferramenta**
hardware shop

**il negozio di
antiquariato**
antiques shop

**il negozio di articoli
da regalo**
gift shop

l'agenzia di viaggi
travel agent's

la gioielleria
jeweller's

italiano • english

la libreria
book shop

il negozio di dischi
record shop

il negozio di liquori
off licence

il negozio di animali
pet shop

il negozio di mobili
furniture shop

la boutique
boutique

vocabolario • vocabulary

l'agenzia immobiliare
estate agent's

il centro di giardinaggio
garden centre

il lavasecco
dry cleaner's

il negozio dell'usato
second-hand shop

il negozio di articoli fotografici
camera shop

la lavanderia
launderette

il negozio dietetico
health food shop

il negozio di articoli per l'arte
art shop

la sartoria
tailor's

il parrucchiere
hairdresser's

il mercato | market

il cibo
food

la carne • meat

l'agnello
lamb

il macellaio
butcher

il gancio
meat hook

la bilancia
scales

l'affilacoltelli
knife sharpener

la pancetta
bacon

le salsicce
sausages

il fegato
liver

vocabolario • vocabulary

il maiale pork	il cervo venison	le frattaglie offal	ruspante free range	la carne rossa red meat
il manzo beef	il coniglio rabbit	stagionato cured	biologico organic	la carne magra lean meat
il vitello veal	la lingua tongue	affumicato smoked	la carne bianca white meat	la carne cotta cooked meat

i tagli • cuts

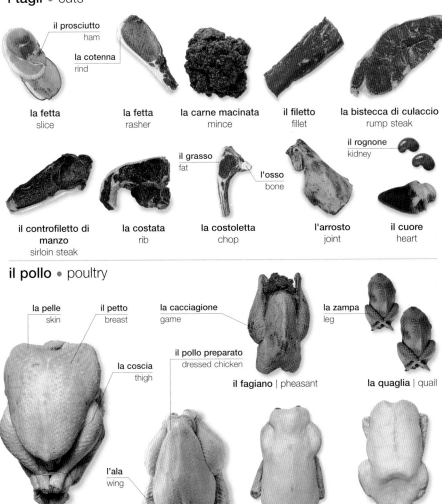

il prosciutto
ham

la cotenna
rind

la fetta
slice

la fetta
rasher

la carne macinata
mince

il filetto
fillet

la bistecca di culaccio
rump steak

il grasso
fat

l'osso
bone

il rognone
kidney

il controfiletto di manzo
sirloin steak

la costata
rib

la costoletta
chop

l'arrosto
joint

il cuore
heart

il pollo • poultry

la pelle
skin

il petto
breast

la cacciagione
game

la zampa
leg

il pollo preparato
dressed chicken

la coscia
thigh

il fagiano | pheasant

la quaglia | quail

l'ala
wing

il tacchino
turkey

il pollo | chicken

l'anatra | duck

l'oca | goose

il pesce • fish

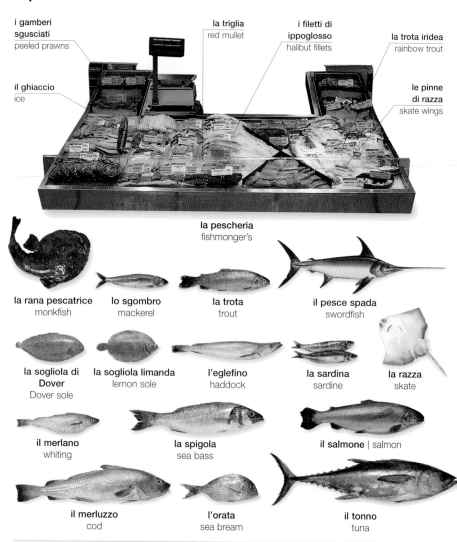

i gamberi sgusciati
peeled prawns

la triglia
red mullet

i filetti di ippoglosso
halibut fillets

la trota iridea
rainbow trout

il ghiaccio
ice

le pinne di razza
skate wings

la pescheria
fishmonger's

la rana pescatrice
monkfish

lo sgombro
mackerel

la trota
trout

il pesce spada
swordfish

la sogliola di Dover
Dover sole

la sogliola limanda
lemon sole

l'eglefino
haddock

la sardina
sardine

la razza
skate

il merlano
whiting

la spigola
sea bass

il salmone | salmon

il merluzzo
cod

l'orata
sea bream

il tonno
tuna

i frutti di mare • seafood

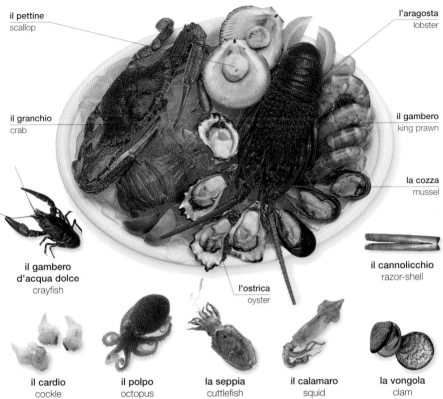

il pettine
scallop

l'aragosta
lobster

il granchio
crab

il gambero
king prawn

la cozza
mussel

il gambero
d'acqua dolce
crayfish

il cannolicchio
razor-shell

l'ostrica
oyster

il cardio
cockle

il polpo
octopus

la seppia
cuttlefish

il calamaro
squid

la vongola
clam

vocabolario • vocabulary

congelato frozen	pulito cleaned	affumicato smoked	desquamato descaled	a filetti filleted	il lombo loin	la coda tail	la spina bone	la squama scale
fresco fresh	salato salted	spellato skinned	spinato boned	il filetto fillet	la trancia steak	**Me lo pulisce?** Will you clean it for me?		

la verdura 1 • vegetables 1

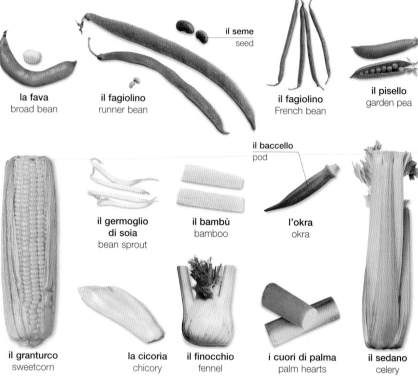

il seme
seed

la fava
broad bean

il fagiolino
runner bean

il fagiolino
French bean

il pisello
garden pea

il baccello
pod

**il germoglio
di soia**
bean sprout

il bambù
bamboo

l'okra
okra

il granturco
sweetcorn

la cicoria
chicory

il finocchio
fennel

i cuori di palma
palm hearts

il sedano
celery

vocabolario • vocabulary

la foglia leaf	**il germoglio** floret	**la punta** tip	**biologico** organic	**Vendete verdure biologiche?** Do you sell organic vegetables?
lo stelo stalk	**il nocciolo** kernel	**il cuore** heart	**la busta di plastica** plastic bag	**Queste sono della zona?** Are these grown locally?

la rucola
rocket

il crescione
watercress

il radicchio
radicchio

il cavolino di Bruxelles
brussel sprout

la bietola
swiss chard

il cavolo riccio
kale

l'acetosa
sorrel

l'indivia
endive

il dente di leone
dandelion

gli spinaci
spinach

il cavolo rapa
kohlrabi

la bieta
pak-choi

la lattuga
lettuce

il broccolo
broccoli

il cavolo
cabbage

la verza
spring greens

le verdure 2 • vegetables 2

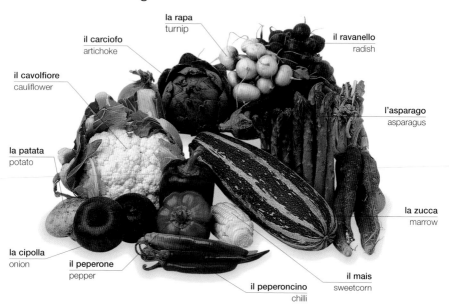

la rapa
turnip

il carciofo
artichoke

il ravanello
radish

il cavolfiore
cauliflower

l'asparago
asparagus

la patata
potato

la zucca
marrow

la cipolla
onion

il peperone
pepper

il mais
sweetcorn

il peperoncino
chilli

vocabolario • vocabulary

il pomodoro cigliegino cherry tomato	il sedano rapa celeriac	congelato frozen	amaro bitter	**Mi dà un chilo di patate per favore?** Can I have one kilo of potatoes please?
la carota carrot	la cassava cassava	crudo raw	sodo firm	**Quanto costa al chilo?** What's the price per kilo?
la patata novella new potato	la radice di taro taro root	piccante hot (spicy)	la polpa flesh	**Quelli come si chiamano?** What are those called?
il frutto dell'albero del pane breadfruit	la castagna d'acqua water chestnut	dolce sweet	la radice root	

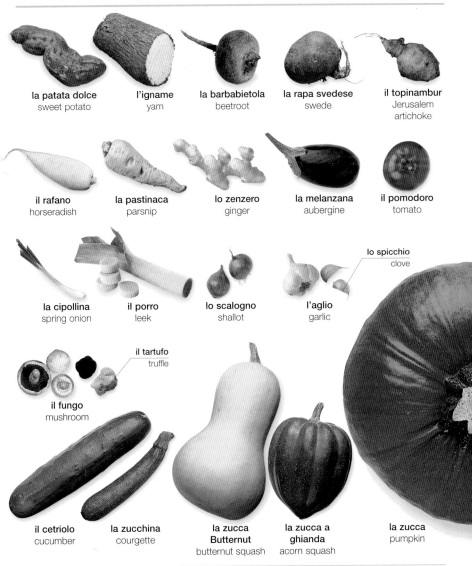

la patata dolce
sweet potato

l'igname
yam

la barbabietola
beetroot

la rapa svedese
swede

il topinambur
Jerusalem
artichoke

il rafano
horseradish

la pastinaca
parsnip

lo zenzero
ginger

la melanzana
aubergine

il pomodoro
tomato

la cipollina
spring onion

il porro
leek

lo scalogno
shallot

l'aglio
garlic

lo spicchio
clove

il tartufo
truffle

il fungo
mushroom

il cetriolo
cucumber

la zucchina
courgette

**la zucca
Butternut**
butternut squash

**la zucca a
ghianda**
acorn squash

la zucca
pumpkin

la frutta 1 • fruit 1
gli agrumi • citrus fruit

la frutta con nocciolo •
stoned fruit

l'arancio
orange

la clementina
clementine

la pesca
peach

la pesca noce
nectarine

la scorza
interna
pith

il mapo
ugli fruit

il pompelmo
grapefruit

l'albicocca
apricot

la prugna
plum

la ciliegia
cherry

lo spicchio
segment

il mandarino
tangerine

il satsuma
satsuma

la mela
apple

la pera
pear

la scorza
zest

la limetta
lime

il limone
lemon

l'arancino cinese
kumquat

il cestino di frutta | basket of fruit

i frutti di bosco e i meloni • berries and melons

la fragola
strawberry

il lampone
raspberry

il ribes rosso
redcurrant

il melone
melon

l'uva
grapes

la mora
blackberry

il ribes nero
blackcurrant

l'ossicocco
cranberry

la buccia
rind

il seme
seed

la polpa
flesh

l'anguria
watermelon

il ribes bianco
white currant

il mirtillo
blueberry

la mora-lampone
loganberry

l'uva spina
gooseberry

vocabolario • vocabulary

il rabarbaro rhubarb	**agre** sour	**croccante** crisp	**senza semi** seedless	**Sono maturi?** Are they ripe?
la fibra fibre	**fresco** fresh	**marcio** rotten	**il succo** juice	**Posso assaggiarne uno?** Can I try one?
dolce sweet	**sugoso** juicy	**la polpa** pulp	**il torsolo** core	**Per quanto tempo si mantengono?** How long will they keep?

la frutta 2 • fruit 2

il mango
mango

l'avocado
avocado

l'ananas
pineapple

la papaia
papaya

la pesca
peach

il litchi
lychee

il kiwi
kiwifruit

l'alchechengi
cape gooseberry

il seme
pip

la buccia
skin

la mela cotogna
quince

il frutto
della passione
passion fruit

la banana
banana

la guaiava
guava

la melagrana
pomegranate

il cachi
persimmon

il feijoa
feijoa

il fico d'india
prickly pear

la carambola
starfruit

il tamarillo
tamarillo

le noci e la frutta secca • nuts and dried fruit

il pinolo
pine nut

il pistacchio
pistachio

l'anacardio
cashewnut

l'arachide
peanut

la nocciola
hazelnut

la mandorla brasiliana
brazilnut

la noce pecan
pecan

la mandorla
almond

la noce
walnut

la castagna
chestnut

la noce di macadamia
macadamia

il fico
fig

il dattero
date

la prugna secca
prune

il guscio
shell

la polpa
flesh

l'uva sultanina
sultana

l'uvetta
raisin

l'uva passa
currant

la noce di cocco
coconut

---

vocabolario • vocabulary

verde green	**duro** hard	**il nocciolo** kernel	**salato** salted	**arrostito** roasted	**la frutta tropicale** tropical fruit	**sgusciato** shelled
maturo ripe	**morbido** soft	**essiccato** desiccated	**crudo** raw	**stagionale** seasonal	**la frutta candita** candied fruit	**intero** whole

---

le granaglie e i legumi secchi • grains and pulses

le granaglie • grains

il grano
wheat

l'avena
oats

l'orzo
barley

vocabolario • vocabulary		
il seme seed	**fresco** fresh	**cottura facile** easy cook
la pula husk	**profumato** fragranced	**integrale** wholegrain
il seme kernel	**il cereale** cereal	**a chicco lungo** long-grain
secco dry	**mettere a bagno** soak (v)	**a chicco corto** short-grain

il miglio
millet

il mais
corn

la quinoa
quinoa

il riso • rice

il riso bianco
white rice

il riso integrale
brown rice

il riso selvatico
wild rice

il riso da budino
pudding rice

i cereali trattati • processed grains

il cuscus
couscous

il grano spezzato
cracked wheat

la semola
semolina

la crusca
bran

i fagioli e i piselli • beans and peas

i fagioli bianchi
butter beans

i fagioli cannellini
haricot beans

i fagioli di Spagna
red kidney beans

i fagioli aduki
aduki beans

le fave
broad beans

i semi di soia
soya beans

i fagioli dall'occhio nero
black-eyed beans

i fagioli borlotti
pinto beans

i fagioli mung
mung beans

i fagioli nani
flageolet beans

le lenticchie marroni
brown lentils

le lenticchie rosse
red lentils

i piselli
green peas

i ceci
chick peas

i piselli spaccati
split peas

i semi • seeds

il seme di zucca
pumpkin seed

il seme di mostarda
mustard seed

il seme di carvi
caraway

il seme di sesamo
sesame seed

il seme di girasole
sunflower seed

le erbe aromatiche e le spezie • herbs and spices

le spezie • spices

la vaniglia
vanilla

la noce moscata
nutmeg

il macis
mace

la curcuma
turmeric

il cumino
cumin

il mazzetto odoroso
bouquet garni

il pepe della Giamaica
allspice

il grano di pepe
peppercorn

il fieno greco
fenugreek

il peperoncino rosso
chilli

intero
whole

tritato
crushed

lo zafferano
saffron

il cardamomo
cardamom

la polvere di curry
curry powder

macinato
ground

la paprica
paprika

a scaglie
flakes

l'aglio
garlic

le erbe aromatiche • herbs

i bastoncini
sticks

la cannella
cinnamon

i semi di finocchio
fennel seeds

il finocchio
fennel

l'alloro
bay leaf

il prezzemolo
parsley

la citronella
lemon grass

i chiodi di garofano
cloves

l'erba cipollina
chives

la menta
mint

il timo
thyme

la salvia
sage

l'anice stellato
star anise

il dragoncello
tarragon

la maggiorana
marjoram

il basilico
basil

lo zenzero
ginger

l'origano
oregano

il coriandolo
coriander

l'aneto
dill

il rosmarino
rosemary

i cibi imbottigliati • bottled foods

l'olio di noce
walnut oil

l'olio di
semi d'uva
grapeseed oil

il tappo
cork

l'olio di semi
di girasole
sunflower oil

l'olio di
mandorla
almond oil

l'olio di
sesamo
sesame
seed oil

l'olio di noccioline
hazelnut oil

l'olio d'oliva
olive oil

le erbe
aromatiche
herbs

l'olio
aromatizzato
flavoured oil

gli oli
oils

le confetture • sweet spreads

il barattolo
jar

il favo
honeycomb

il miele
condensato
set honey

la crema al
limone
lemon curd

la marmellata
di lamponi
raspberry jam

la marmellata
di agrumi
marmalade

il miele sciolto
clear honey

lo sciroppo
d'acero
maple syrup

condimenti e cibi da spalmare •
condiments and spreads

l'aceto
di sidro
cider vinegar

l'aceto
balsamico
balsamic vinegar

la bottiglia
bottle

il ketchup
ketchup

la senape
English mustard

la maionese
mayonnaise

la mostarda
French mustard

l'aceto di malto
malt vinegar

l'aceto di vino
wine vinegar

il chutney
chutney

l'aceto
vinegar

la salsa
sauce

la mostarda
con semi
wholegrain
mustard

---

il barattolo a
chiusura ermetica
sealed jar

il burro di
arachidi
peanut butter

la cioccolata
spalmabile
chocolate spread

la conserva di
frutta
preserved fruit

vocabolario • vocabulary

l'olio vegetale
vegetable oil

l'olio di colza
rapeseed oil

l'olio di mais
corn oil

l'olio spremuto
a freddo
cold-pressed oil

l'olio di
arachide
groundnut oil

i latticini • dairy produce

il formaggio • cheese

la crosta
rind

il formaggio
semiduro
semi-hard cheese

il formaggio
grattugiato
grated cheese

il formaggio duro
hard cheese

il formaggio
semimorbido
semi-soft cheese

il formaggio
molle fresco
cottage cheese

il formaggio
cremoso
cream cheese

il formaggio
erborinato
blue cheese

il formaggio morbido
soft cheese

il formaggio fresco | fresh cheese

il latte • milk

il latte intero
whole milk

il latte parzialmente
scremato
semi-skimmed milk

il latte
scremato
skimmed milk

il cartone
di latte
milk carton

il latte di
capra
goat's milk

il latte
condensato
condensed milk

il latte di mucca | cow's milk

il burro
butter

la margarina
margarine

la panna
cream

la panna liquida
single cream

la panna densa
double cream

la panna montata
whipped cream

la panna acida
sour cream

lo yogurt
yoghurt

il gelato
ice-cream

le uova • eggs

il tuorlo
yolk

la chiara
egg white

il guscio
shell

il porta uovo
egg cup

l'uovo alla coque
boiled egg

l'uovo di gallina
hen's egg

l'uovo di anatra
duck egg

l'uovo d'oca
goose egg

l'uovo di quaglia
quail egg

---

vocabolario • vocabulary

pastorizzato pasteurized	**senza grassi** fat free	**salato** salted	**il siero di latte** buttermilk	**il lattosio** lactose	**il frullato** milkshake
non pastorizzato unpasteurized	**il latte in polvere** powdered milk	**senza sale** unsalted	**il latte di pecora** sheep's milk	**omogeneizzato** homogenised	**lo yogurt gelato** frozen yoghurt

---

il pane e le farine • breads and flours

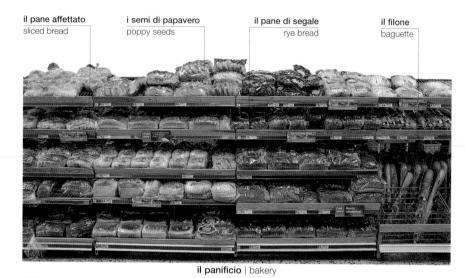

il pane affettato
sliced bread

i semi di papavero
poppy seeds

il pane di segale
rye bread

il filone
baguette

il panificio | bakery

fare il pane • making bread

la farina bianca
white flour

la farina nera
brown flour

la farina integrale
wholemeal flour

il lievito
yeast

setacciare | sift (v)

mescolare | mix (v)

la pasta
dough

impastare | knead (v)

cuocere al forno | bake (v)

la crosta
crust

la pagnotta
loaf

la fetta
slice

il pane bianco
white bread

il pane nero
brown bread

il pane integrale
wholemeal bread

il pane di granaio
granary bread

il pane di mais
corn bread

il pane lievitato con bicarbonato di sodio
soda bread

il pane di lievito naturale
sourdough bread

la schiacciata
flatbread

il bagel
bagel

la pagnotella
bap

il panino
roll

il pane alla frutta
fruit bread

il pane con semi
seeded bread

il naan
naan bread

la pita
pitta bread

i crackers
crispbread

vocabolario • vocabulary

la farina autolievitante self-raising flour	**la farina semplice** plain flour	**riposare** prove (v)	**le briciole** breadcrumbs	**l'affettatrice** slicer
la farina per il pane strong flour	**lievitare** rise (v)	**glassare** glaze (v)	**il filoncino** flute	**il panettiere** baker

i dolci e i dessert • cakes and desserts

il bignè ripieno
éclair

l'éclair
choux pastry

la pasta sfoglia
puff pastry

la panna
cream

la pasta filo
filo pastry

il ripieno
filling

ricoperto di cioccolato
chocolate coated

il dolce alla frutta
fruit cake

la crostatina
fruit tart

il muffin
muffin

la meringa
meringue

il pan di Spagna
sponge cake

i dolci | cakes

vocabolario • vocabulary

la crema pasticcera crème patisserie	**la focaccina** bun	**la pasta** pastry	**il budino di riso** rice pudding	**Posso avere una fetta?** May I have a slice please?
la torta al cioccolato chocolate cake	**la crema** custard	**la fetta** slice	**la festa** celebration	

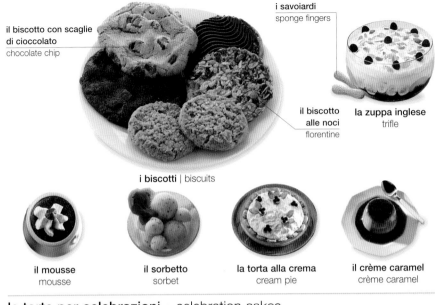

il biscotto con scaglie
di cioccolato
chocolate chip

i savoiardi
sponge fingers

il biscotto
alle noci
florentine

la zuppa inglese
trifle

i biscotti | biscuits

il mousse
mousse

il sorbetto
sorbet

la torta alla crema
cream pie

il crème caramel
crème caramel

le torte per celebrazioni • celebration cakes

il piano superiore
top tier

il nastro
ribbon

il piano
inferiore
bottom tier

la glassa
icing

il
marzapane
marzipan

la
decorazione
decoration

le
candeline
birthday candles

soffiare
blow out (v)

la torta nuziale | wedding cake

la torta di compleanno | birthday cake

la salumeria • delicatessen

la salsiccia
piccante
spicy sausage

lo sformato
flan

l'aceto
vinegar

l'olio
oil

la carne cruda
uncooked meat

il banco
counter

il salame
salami

il salame piccante
pepperoni

il pâté
pâté

la mozzarella
mozzarella

il brie
brie

il formaggio di capra
goat's cheese

il cheddar
cheddar

il parmigiano
parmesan

il camembert
camembert

la scorza
rind

l'edam
edam

il manchego
manchego

i pasticci di carne
pies

l'oliva nera
black olive

il peperoncino
chili

la salsa
sauce

il panino
bread roll

la carne cotta
cooked meat

l'oliva verde
green olive

il prosciutto
ham

la paninoteca
sandwich counter

il pesce affumicato
smoked fish

i capperi
capers

il chorizo
chorizo

il prosciutto crudo
prosciutto

le olive ripiene
stuffed olives

vocabolario • vocabulary

sott'olio in oil	**marinato** marinated	**affumicato** smoked
in salamoia in brine	**salato** salted	**trattato** cured

Prenda un numero, per favore.
Take a number please.

**Posso assaggiare un po' di quello,
per favore?**
Can I try some of that please?

Mi dà sei fette di quello, per favore?
May I have six slices of that please?

le bevande • drinks

l'acqua • water

l'acqua in bottiglia
bottled water

frizzante
sparkling

naturale
still

l'acqua dal rubinetto
tap water

l'acqua tonica
tonic water

l'acqua minerale
mineral water

la soda
soda water

le bevande calde • hot drinks

la bustina di tè
teabag

il tè sciolto
loose leaf tea

il tè
tea

i chicchi
beans

il caffè macinato
ground coffee

il caffè
coffee

il cioccolato caldo
hot chocolate

la bevanda al malto
malted drink

le bibite • soft drinks

la cannuccia
straw

il succo di pomodoro
tomato juice

il succo d'uva
grape juice

la limonata
lemonade

l'aranciata
orangeade

la coca
cola

le bevande alcoliche • alcoholic drinks

il gin
gin

la lattina
can

la birra
beer

il sidro
cider

la birra amara
bitter

la birra scura
stout

la vodka
vodka

il whisky
whisky

il rum
rum

il brandy
brandy

il porto
port

secco
dry

lo sherry
sherry

il Campari
campari

rosé
rosé

bianco
white

rosso
red

il vino
wine

il liquore
liqueur

la tequila
tequila

lo champagne
champagne

mangiare fuori
eating out

il caffè • café

la tenda
awning

il menù
menu

il bar all'aperto | pavement café

l'ombrellone
umbrella

il bar con terrazza
terrace café

il
camereire
waiter

la macchina
del caffè
coffee machine

il tavolo
table

lo snack bar | snack bar

il caffè • coffee

il caffè
macchiato
white coffee

il caffè nero
black coffee

il caffè filtrato
filter coffee

l'espresso
espresso

la polvere
di cacao
cocoa powder

la schiuma
froth

il cappuccino
cappuccino

il caffè freddo
iced coffee

il tè • tea

il tè alle erbe
herbal tea

la camomilla
camomile tea

il tè verde
green tea

il tè con latte
tea with milk

il tè nero
black tea

il tè al limone
tea with lemon

il tè alla menta
mint tea

il tè freddo
iced tea

le spremute e i frappé • juices and milkshakes

il frappé al cioccolato
chocolate milkshake

il frappé alle fragole
strawberry milkshake

il frappé al caffè
coffee milkshake

il succo
d'arancia
orange juice

il succo di
mela
apple juice

il succo
d'ananas
pineapple juice

il succo di
pomodoro
tomato juice

il cibo • food

la pallina
scoop

il pane integrale
brown bread

il tramezzino tostato
toasted sandwich

l'insalata
salad

il gelato
ice cream

la pasta
pastry

il bar • bar

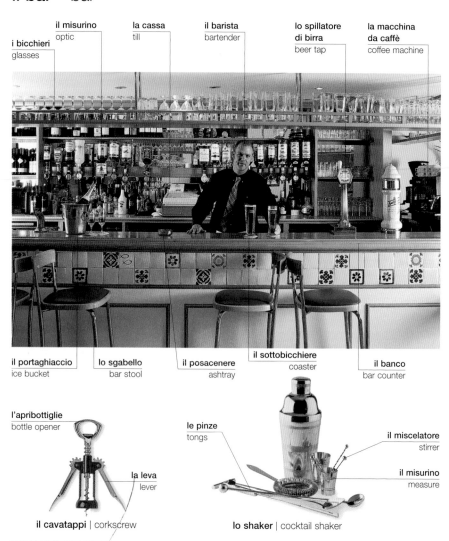

i bicchieri
glasses

il misurino
optic

la cassa
till

il barista
bartender

lo spillatore
di birra
beer tap

la macchina
da caffè
coffee machine

il portaghiaccio
ice bucket

lo sgabello
bar stool

il posacenere
ashtray

il sottobicchiere
coaster

il banco
bar counter

l'apribottiglie
bottle opener

la leva
lever

il cavatappi | corkscrew

le pinze
tongs

il miscelatore
stirrer

il misurino
measure

lo shaker | cocktail shaker

il gin tonic
gin and tonic

la brocca
pitcher

il whisky con acqua
scotch and water

il cubetto
di ghiaccio
ice cube

il rum con coca cola
rum and coke

la vodka all'arancia
vodka and orange

il martini
martini

il cocktail
cocktail

il vino
wine

la birra | beer

doppio
double

singolo
single

con ghiaccio e limone
ice and lemon

un bicchiere
a shot

la misura
measure

liscio
without ice

con ghiaccio
with ice

gli stuzzichini • bar snacks

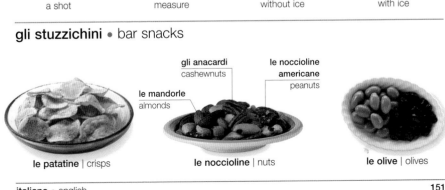

gli anacardi
cashewnuts

le noccioline
americane
peanuts

le mandorle
almonds

le patatine | crisps

le noccioline | nuts

le olive | olives

il ristorante • restaurant

il coperto
table setting

l'aiuto cuoco
commis chef

il bicchiere
glass

il cuoco
chef

il vassoio
tray

la cucina
kitchen

il cameriere
waiter

vocabolario • vocabulary

la lista dei vini wine list	**il buffet** buffet	**il prezzo** price	**la mancia** tip	**il bar** bar	**il pepe** pepper
il menù del pranzo lunch menu	**a la carte** à la carte	**il conto** bill	**servizio compreso** service included	**il cliente** customer	**i piatti del giorno** specials
il menù della cena evening menu	**il carrello dei dolci** sweet trolley	**la ricevuta** receipt	**servizio non compreso** service not included	**il sale** salt	

il menù
menu

il menù per bambini
child's meal

ordinare
order (v)

pagare
pay (v)

le portate • courses

l'aperitivo
apéritif

l'antipasto
starter

la minestra
soup

il piatto principale
main course

il contorno
side order

il dessert | dessert

il caffè | coffee

Un tavolo per due, per favore.
A table for two please.

Posso vedere il menù\la lista dei vini, per favore?
Can I see the menu/winelist please?

C'è un menù a prezzo fisso?
Is there a fixed price menu?

Avete dei piatti vegetariani?
Do you have any vegetarian dishes?

Posso avere il conto\una ricevuta per favore?
Could I have the bill/a receipt please?

Possiamo pagare separatamente?
Can we pay separately?

Dove sono i bagni per favore?
Where are the toilets, please?

il fast food • fast food

la cannuccia
straw

l'hamburger
burger

la bibita
soft drink

le patate fritte
french fries

il tovagliolo
di carta
paper napkin

il vassoio
tray

il pasto con hamburger
burger meal

la bibita in lattina
canned drink

la pizza
pizza

il listino
price list

la consegna a domicilio
home delivery

il venditore ambulante
street stall

vocabolario •
vocabulary

la pizzeria
pizza parlour

il fastfood
burger bar

il menù
menu

mangiare sul posto
eat-in

da asporto
take-away

riscaldare
re-heat (v)

la salsa di pomodoro
tomato sauce

Me lo dà da asporto?
Can I have that to go please?

Consegnate a domicilio?
Do you deliver?

il panino
bun

la senape
mustard

il wurstel
sausage

l'hamburger
hamburger

l'hamburger di pollo
chicken burger

l'hamburger vegetariano
veggie burger

l'hot dog
hot dog

il ripieno
filling

il tramezzino
sandwich

il tramezzino a strati
club sandwich

il tramezzino aperto
open sandwich

la piadina
wrap

la salsa
sauce

salato
savoury

dolce
sweet

il condimento
topping

il kebab
kebab

i bocconcini di pollo
chicken nuggets

le crêpes | crêpes

il pesce con patatine
fish and chips

le costolette
ribs

il pollo fritto
fried chicken

la pizza
pizza

la colazione • breakfast

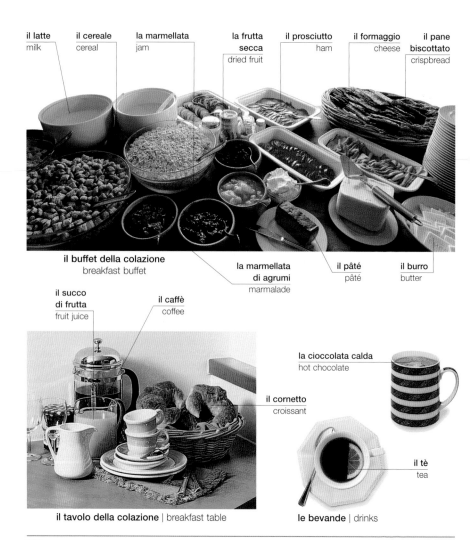

il latte
milk

il cereale
cereal

la marmellata
jam

la frutta secca
dried fruit

il prosciutto
ham

il formaggio
cheese

il pane biscottato
crispbread

il buffet della colazione
breakfast buffet

la marmellata di agrumi
marmalade

il pâté
pâté

il burro
butter

il succo di frutta
fruit juice

il caffè
coffee

la cioccolata calda
hot chocolate

il cornetto
croissant

il tè
tea

il tavolo della colazione | breakfast table

le bevande | drinks

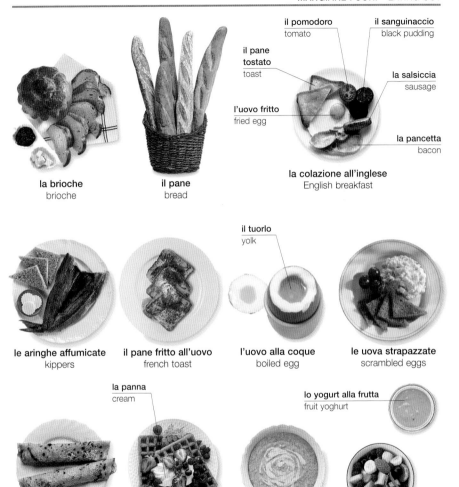

la brioche
brioche

il pane
bread

il pomodoro
tomato

il sanguinaccio
black pudding

il pane
tostato
toast

la salsiccia
sausage

l'uovo fritto
fried egg

la pancetta
bacon

la colazione all'inglese
English breakfast

le aringhe affumicate
kippers

il pane fritto all'uovo
french toast

il tuorlo
yolk

l'uovo alla coque
boiled egg

le uova strapazzate
scrambled eggs

la panna
cream

lo yogurt alla frutta
fruit yoghurt

le crêpes
pancakes

i waffle
waffles

il porridge
porridge

la frutta fresca
fresh fruit

la cena • dinner

la minestra | soup

la zuppa | broth

lo stufato | stew

il curry | curry

l'arrosto
roast

il pasticcio
pie

il soufflé
soufflé

lo spiedino
kebab

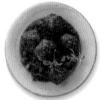

le polpette
meatballs

la frittata
omelette

la frittura | stir fry

i taglierini
noodles

la pasta | pasta

il riso
rice

l'insalata mista
mixed salad

l'insalata verde
green salad

il condimento
dressing

i metodi • techniques

farcito | stuffed

al sugo | in sauce

alla griglia | grilled

marinato | marinated

affogato | poached

schiacciato | mashed

cotto al forno | baked

fritto in padella | pan fried

fritto
fried

sottaceto
pickled

affumicato
smoked

fritto in olio abbondante
deep fried

allo sciroppo
in syrup

condito
dressed

al vapore
steamed

stagionato
cured

lo studio
study

la scuola • school

 la lavagna
blackboard

 l'insegnante
teacher

la cartella
school bag

l'alunna
pupil

il banco
desk

il gesso
chalk

l'aula | classroom

la scolara
schoolgirl

lo scolaro
schoolboy

vocabolario • vocabulary

la storia history	**l'arte** art	**la fisica** physics
la letteratura literature	**la musica** music	**la chimica** chemistry
le lingue languages	**la matematica** maths	**la biologia** biology
la geografia geography	**la scienza** science	**l'educazione fisica** physical education

le attività • activities

leggere | read (v)

scrivere | write (v)

scandire
spell (v)

disegnare
draw (v)

la punta
nib

la matita colorata
colouring pencil

il
temperamatite
pencil
sharpener

il proiettore digitale
digital projector

la penna
pen

la matita
pencil

il quaderno
notebook

la gomma
rubber

il libro di testo | textbook

l'astuccio
pencil case

il righello
ruler

domandare
question (v)

rispondere
answer (v)

discutere
discuss (v)

imparare
learn (v)

vocabolario • vocabulary

il preside head teacher	**la risposta** answer	**il livello** grade
la lezione lesson	**i compiti** homework	**la classe** year
la domanda question	**il tema** essay	**il dizionario** dictionary
prendere appunti take notes (v)	**l'esame** examination	**l'enciclopedia** encyclopedia

la matematica • maths

le forme • shapes

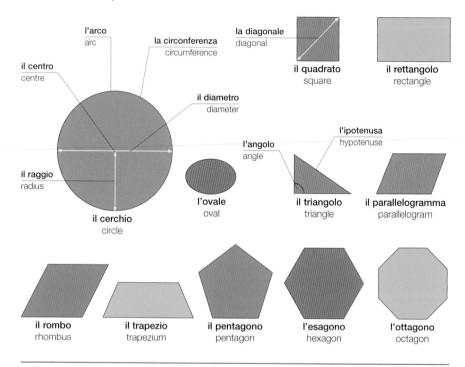

l'arco / arc
la circonferenza / circumference
il centro / centre
il diametro / diameter
la diagonale / diagonal
il quadrato / square
il rettangolo / rectangle
il raggio / radius
l'ovale / oval
l'angolo / angle
l'ipotenusa / hypotenuse
il triangolo / triangle
il parallelogramma / parallelogram
il cerchio / circle
il rombo / rhombus
il trapezio / trapezium
il pentagono / pentagon
l'esagono / hexagon
l'ottagono / octagon

i solidi • solids

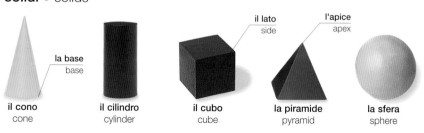

il cono / cone
la base / base
il cilindro / cylinder
il cubo / cube
il lato / side
la piramide / pyramid
l'apice / apex
la sfera / sphere

le linee • lines

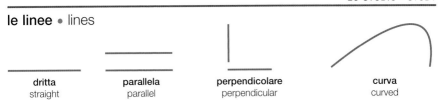

dritta
straight

parallela
parallel

perpendicolare
perpendicular

curva
curved

le misure • measurements

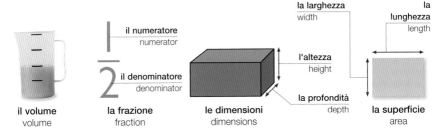

la larghezza
width

la lunghezza
length

l'altezza
height

la profondità
depth

il numeratore
numerator

il denominatore
denominator

il volume
volume

la frazione
fraction

le dimensioni
dimensions

la superficie
area

l'attrezzatura • equipment

la squadra
set square

il goniometro
protractor

il righello
ruler

il compasso
compass

la calcolatrice
calculator

---

vocabolario • vocabulary

la geometria geometry	**più** plus	**contare** count (v)	**uguale** equals	**sommare** add (v)	**moltiplicare** multiply (v)	**l'equazione** equation
l'aritmetica arithmetic	**meno** minus	**diviso per** divided by	**moltiplicato per** times	**sottrarre** subtract (v)	**dividere** divide (v)	**la percentuale** percentage

---

la scienza • science

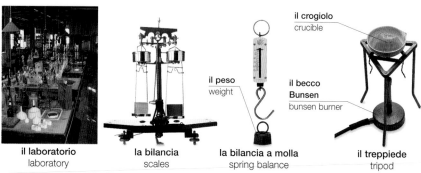

il laboratorio
laboratory

la bilancia
scales

il peso
weight

la bilancia a molla
spring balance

il crogiolo
crucible

il becco Bunsen
bunsen burner

il treppiede
tripod

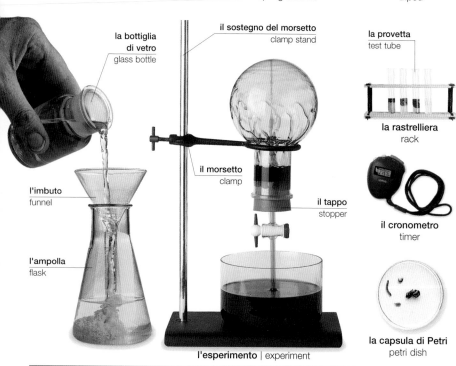

la bottiglia di vetro
glass bottle

il sostegno del morsetto
clamp stand

la provetta
test tube

la rastrelliera
rack

l'imbuto
funnel

il morsetto
clamp

il tappo
stopper

il cronometro
timer

l'ampolla
flask

la capsula di Petri
petri dish

l'esperimento | experiment

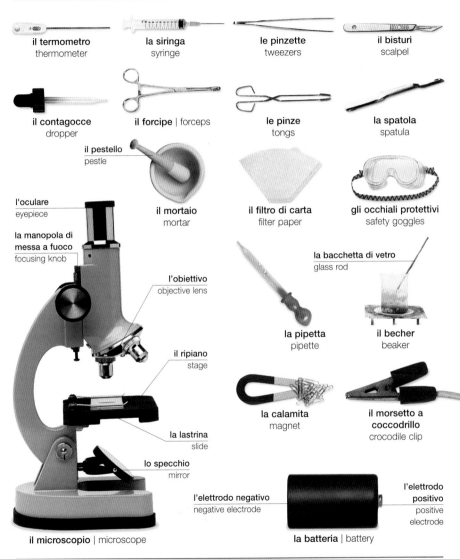

il termometro
thermometer

la siringa
syringe

le pinzette
tweezers

il bisturi
scalpel

il contagocce
dropper

il forcipe | forceps

le pinze
tongs

la spatola
spatula

il pestello
pestle

il mortaio
mortar

il filtro di carta
filter paper

gli occhiali protettivi
safety goggles

l'oculare
eyepiece

la manopola di messa a fuoco
focusing knob

la bacchetta di vetro
glass rod

l'obiettivo
objective lens

la pipetta
pipette

il becher
beaker

il ripiano
stage

la lastrina
slide

la calamita
magnet

il morsetto a coccodrillo
crocodile clip

lo specchio
mirror

l'elettrodo positivo
positive electrode

l'elettrodo negativo
negative electrode

il microscopio | microscope

la batteria | battery

l'università • college

l'ufficio iscrizioni
admissions

il refettorio
refectory

l'ambulatorio
health centre

il campo sportivo
sports field

la casa dello studente
hall of residence

il **campus** | campus

vocabolario • vocabulary

il tesserino library card	**il prestito** loan	**il libro** book
la corsia aisle	**rinnovare** renew (v)	**il titolo** title
la lista dei libri reading list	**prendere in prestito** borrow (v)	**la sala di lettura** reading room
il banco informazioni enquiries	**prenotare** reserve (v)	**la data di restituzione** return date

la bibliotecaria
librarian

il banco prestiti
loans desk

lo scaffale
bookshelves

il periodico
periodical

la rivista
journal

la **biblioteca** | library

lo studente
universitario
undergraduate

il docente
lecturer

l'aula
lecture theatre

la laureata
graduate

la toga
robe

la consegna delle lauree
graduation ceremony

le scuole • schools

la modella
model

la scuola d'arte
art college

il conservatorio
music school

l'accademia di danza
dance academy

vocabolario • vocabulary

la borsa di studio scholarship	la ricerca research	la dissertazione dissertation	la medicina medicine	l'economia economics
il diploma diploma	il master masters	il dipartimento department	la zoologia zoology	la politica politics
la laurea degree	il dottorato doctorate	il diritto law	la fisica physics	la letteratura literature
di perfezionamento postgraduate	la tesi thesis	l'ingegneria engineering	la filosofía philosophy	la storia dell'arte history of art

il lavoro
work

l'ufficio 1 • office 1

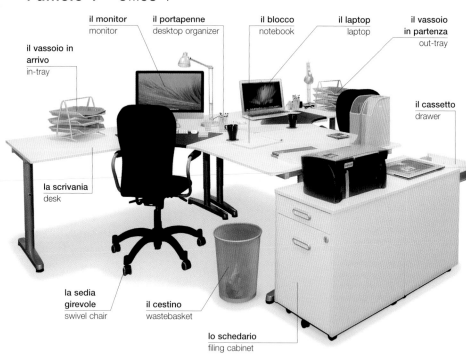

il monitor
monitor

il portapenne
desktop organizer

il blocco
notebook

il laptop
laptop

il vassoio
in partenza
out-tray

il vassoio in
arrivo
in-tray

il cassetto
drawer

la scrivania
desk

la sedia
girevole
swivel chair

il cestino
wastebasket

lo schedario
filing cabinet

l'apparecchiature da ufficio • office equipment

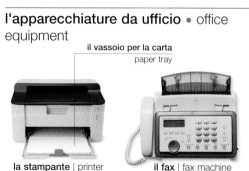

il vassoio per la carta
paper tray

la stampante | printer

il fax | fax machine

vocabolario • vocabulary	
stampare print (v)	ingrandire enlarge (v)
copiare copy (v)	ridurre reduce (v)

Devo fare delle copie.
I need to make some copies.

gli articoli di cancelleria • office supplies

la carta intestata
letterhead

il biglietto di accompagnamento
compliments slip

la busta
envelope

la scatola d'archivio
box file

il portablocco con fermaglio
clipboard

il blocco per appunti
note pad

l'etichetta
tab

la cartella sospesa
hanging file

il divisore
divider

il portacarte a fisarmonica
concertina file

il raccoglitore a leva
lever arch file

i punti
staples

il nastro adesivo
sticky tape

il tampone di inchiostro
ink pad

l'agenda
personal organizer

la cucitrice
stapler

il dispenser
tape dispenser

il perforatore
hole punch

il timbro di gomma
rubber stamp

l'elastico
rubber band

il fermafogli
bulldog clip

la graffetta
paper clip

la puntina
drawing pin

la bacheca | notice board

l'ufficio 2 • office 2

la lavagna a fogli mobili
flipchart

il verbale
minutes

il cavalletto
easel

la relazione
report

il direttore
manager

la proposta
proposal

il dirigente
executive

la riunione | meeting

vocabolario • vocabulary

la sala da riunione
meeting room

l'ordine del giorno
agenda

partecipare
attend (v)

presiedere
chair (v)

A che ora è la riunione?
What time is the meeting?

Qual è il vostro orario di lavoro?
What are your office hours?

l'oratrice
speaker

la **presentazione** | presentation

gli affari • business

l'uomo d'affari
businessman

la donna d'affari
businesswoman

il pranzo di lavoro
business lunch

il viaggio d'affari
business trip

l'appuntamento
appointment

l'amministratore
delegato
managing
director

la cliente
client

l'agenda | diary

l'accordo di affari
business deal

vocabolario • vocabulary

la società company	**il personale** staff	**l'ufficio contabilità** accounts department	**l'ufficio legale** legal department
la sede centrale head office	**il libro paga** payroll	**l'ufficio marketing** marketing department	**l'ufficio di assistenza clienti** customer service department
la succursale branch	**lo stipendio** salary	**l'ufficio vendite** sales department	**l'ufficio del personale** personnel department

il computer • computer

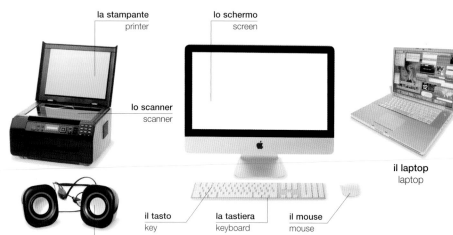

la stampante
printer

lo schermo
screen

lo scanner
scanner

il laptop
laptop

il tasto
key

la tastiera
keyboard

il mouse
mouse

l'altoparlante
speaker

l'hardware
hardware

la chiavetta USB
memory stick

il disco rigido esterno
external hard drive

vocabolario • vocabulary

la memoria memory	il software software	il server server
la RAM RAM	l'applicazione application	la porta port
i byte bytes	il programma program	il processore processor
il sistema system	la rete network	il cavo di alimentazione power cable

l'iPad
iPad

lo smartphone
smartphone

il desktop • desktop

la barra del menu
menubar

il carattere
font

l'icona
icon

il file
file

la barra degli strumenti
toolbar

la barra di scorrimento
scrollbar

la cartella
folder

lo sfondo
wallpaper

la finestra
window

il cestino
trash

Internet • internet

il browser
browser

navigare
browse (v)

l'e-mail (f) • email

l'indirizzo e-mail (m)
email address

la posta in arrivo
inbox

il sito web
website

---

vocabolario • vocabulary

collegare connect (v)	il fornitore di servizi service provider	collegarsi log on (v)	scaricare download (v)	spedire send (v)	salvare save (v)
installare instal (v)	l'account di posta elettronica email account	in rete on-line	l'allegato attachment	ricevere receive (v)	cercare search (v)

---

i mass media • media

lo studio televisivo • television studio

il set
set

il presentatore
presenter

la lampada
light

la telecamera
camera

il carrello della
telecamera
camera crane

il cameraman
cameraman

vocabolario • vocabulary

il canale channel	il documentario documentary	la stampa press	la telenovela soap	in differita prerecorded	in diretta live
la programmazione programming	il telegiornale news	le serie televisiva television series	il gioco a premi game show	il cartone animato cartoon	trasmettere broadcast (v)

l'intervistatore
interviewer

la cronista
reporter

il gobbo
autocue

l'annunciatrice
newsreader

gli attori
actors

la giraffa
sound boom

il ciac
clapper board

il set
film set

la radio • radio

il tecnico del suono
sound technician

il piano di mixaggio
mixing desk

il microfono
microphone

lo studio di registrazione | recording studio

vocabolario • vocabulary

il canale radiofonico
radio station

la frequenza
frequency

il DJ
DJ

il volume
volume

la trasmissione
broadcast

sintonizzare
tune (v)

la lunghezza d'onda
wavelength

l'onda corta
short wave

l'onda lunga
long wave

l'onda media
medium wave

analogico
analog

digitale
digital

la legge • law

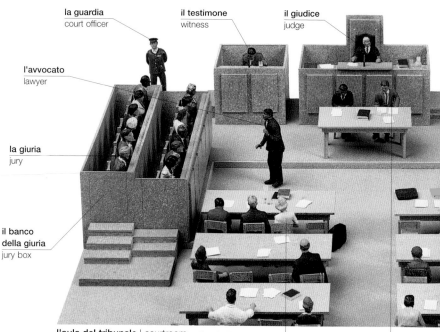

la guardia
court officer

il testimone
witness

il giudice
judge

l'avvocato
lawyer

la giuria
jury

il banco
della giuria
jury box

l'aula del tribunale | courtroom

il pubblico ministero
prosecution

il cancelliere
court official

vocabolario • vocabulary

il cliente
client

la consulenza legale
legal advice

lo studio dell'avvocato
lawyer's office

la citazione
summons

la dichiarazione
statement

il mandato
warrant

l'ordine
writ

l'accusato
accused

la petizione
plea

il procedimento
court case

l'imputazione
charge

la data di
comparizione
court date

lo stenografo
stenographer

la persona sospetta
suspect

l'imputato
defendant

la difesa
defence

il fotofit
photofit

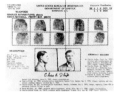

il criminale
criminal

la fedina penale
criminal record

la guardia carceraria
prison guard

la cella
cell

il carcere
prison

vocabolario • vocabulary

la prova evidence	**colpevole** guilty	**la cauzione** bail	**Voglio vedere un avvocato.** I want to see a lawyer..
il verdetto verdict	**assolto** acquitted	**il ricorso** appeal	**Dov'è il palazzo di giustizia?** Where is the courthouse?
innocente innocent	**la sentenza** sentence	**la libertà condizionale** parole	**Posso versare una cauzione?** Can I post bail?

la fattoria 1 • farm 1

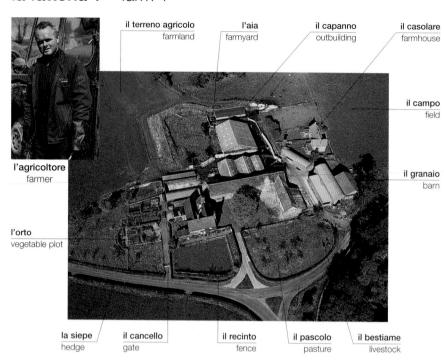

l'agricoltore
farmer

il terreno agricolo
farmland

l'aia
farmyard

il capanno
outbuilding

il casolare
farmhouse

il campo
field

il granaio
barn

l'orto
vegetable plot

la siepe
hedge

il cancello
gate

il recinto
fence

il pascolo
pasture

il bestiame
livestock

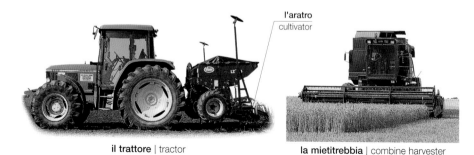

l'aratro
cultivator

il trattore | tractor

la mietitrebbia | combine harvester

i tipi di fattoria • types of farm

il raccolto
crop

l'azienda agricola
arable farm

il caseificio
dairy farm

il gregge
flock

**l'allevamento
di pecore**
sheep farm

l'azienda avicola
poultry farm

l'allevamento di maiali
pig farm

il vivaio ittico
fish farm

l'azienda ortofrutticola
fruit farm

la vigna
vine

il vigneto
vineyard

le attività • actions

il solco
furrow

arare
plough (v)

seminare
sow (v)

mungere
milk (v)

dar da mangiare
feed (v)

irrigare | water (v)

raccogliere | harvest (v)

vocabolario • vocabulary

l'erbicida herbicide	**la mandria** herd	**la mangiatoia** trough
il pesticida pesticide	**il silos** silo	**piantare** plant (v)

la fattoria 2 • farm 2

le colture • crops

il grano
wheat

il granturco
corn

l'orzo
barley

la colza
rapeseed

il girasole
sunflower

la balla
bale

il fieno
hay

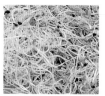
l'alfalfa
alfalfa

il tabacco
tobacco

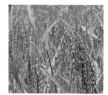
il riso
rice

il tè
tea

il caffè
coffee

il lino
flax

la canna da zucchero
sugarcane

il cotone
cotton

lo spaventapasseri
scarecrow

il bestiame • livestock

il maialino
piglet

il maiale
pig

il vitello
calf

la mucca
cow

il toro
bull

la pecora
sheep

l'agnello
lamb

il capretto
kid

la capra
goat

il puledro
foal

il cavallo
horse

l'asino
donkey

il pulcino
chick

la gallina
chicken

il gallo
cockerel

il tacchino
turkey

l'anatroccolo
duckling

l'anatra
duck

la stalla
stable

il recinto
pen

il pollaio
chicken coop

il porcile
pigsty

italiano • english

l'edilizia • construction

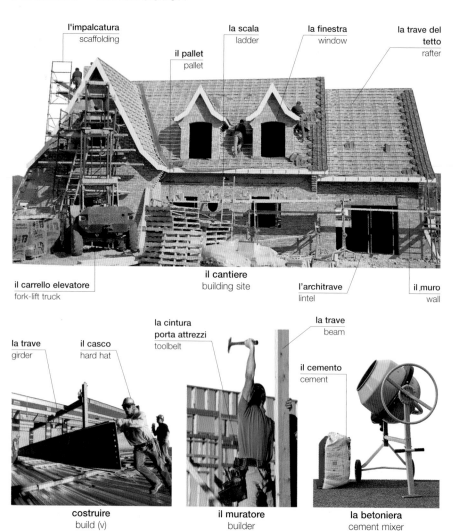

l'impalcatura
scaffolding

il pallet
pallet

la scala
ladder

la finestra
window

la trave del
tetto
rafter

il carrello elevatore
fork-lift truck

il cantiere
building site

l'architrave
lintel

il muro
wall

la trave
girder

il casco
hard hat

la cintura
porta attrezzi
toolbelt

la trave
beam

il cemento
cement

costruire
build (v)

il muratore
builder

la betoniera
cement mixer

i materiali • materials

il mattone
brick

il legno
timber

la tegola
roof tile

il blocco di calcestruzzo
concrete block

gli attrezzi • tools

la malta
mortar

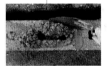
la cazzuola
trowel

la livella
spirit level

il manico
handle

la mazza
sledgehammer

il piccone
pickaxe

la pala
shovel

i macchinari • machinery

il rullo compressore
roller

il camion con cassone ribaltabile
dumper truck

il supporto
support

il gancio
hook

la gru | crane

i lavori stradali • roadworks

il catrame
tarmac

il birillo
cone

il martello pneumatico
pneumatic drill

la riasfaltatura
resurfacing

l'escavatrice meccanica
mechanical digger

i mestieri 1 • occupations 1

il falegname
carpenter

l'elettricista
electrician

l'idraulico
plumber

il muratore
builder

il giardiniere
gardener

l'aspirapolvere
vacuum cleaner

l'addetto alle pulizie
cleaner

il meccanico
mechanic

il macellaio
butcher

il parrucchiere
hairdresser

la pescivendola
fishmonger

il fruttivendolo
greengrocer

la fioraia
florist

il barbiere
barber

il gioielliere
jeweller

la commessa
shop assistant

l'agente immobiliare
estate agent

l'ottico
optician

la
mascherina
mask

la dentista
dentist

il medico
doctor

la farmacista
pharmacist

l'infermiera
nurse

la veterinaria
vet

l'agricoltore
farmer

il pescatore
fisherman

la
mitragliatrice
machine-gun

il distintivo
identity badge

la guardia di sicurezza
security guard

la divisa
uniform

il marinaio
sailor

il soldato
soldier

il poliziotto
policeman

il vigile del fuoco
fireman

i mestieri 2 • occupations 2

l'avvocato
lawyer

il commercialista
accountant

il modello
model

l'architetto
architect

la scienziata
scientist

l'insegnante
teacher

il bibliotecario
librarian

l'addetta alla ricezione
receptionist

la
borsa
mailbag

il postino
postman

l'autista
bus driver

il camionista
lorry driver

il tassista
taxi driver

il pilota
pilot

l'assistente di volo
air stewardess

l'agente di viaggio
travel agent

il cappello
chef's hat

il cuoco
chef

il tutù
tutu

il musicista
musician

la ballerina
dancer

l'attrice
actress

la cantante
singer

la cameriera
waitress

il barista
barman

l'atleta
sportsman

lo scultore
sculptor

la pittrice
painter

il fotografo
photographer

l'annunciatrice
newsreader

gli appunti
notes

il giornalista
journalist

la redattrice
editor

il disegnatore
designer

la costumista
seamstress

il sarto
tailor

i trasporti
transport

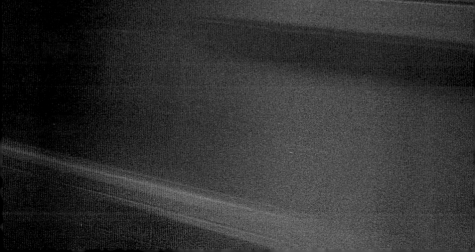

le strade • roads

l'autostrada
motorway

il casello
toll booth

la segnaletica
orizzontale
road markings

la rampa
di accesso
slip road

a senso unico
one-way

la linea divisoria
divider

lo svincolo
junction

il semaforo
traffic light

il camion
lorry

la banchina
spartitraffico
central
reservation

la corsia interna
inside lane

la corsia
centrale
middle lane

la corsia
esterna
outside lane

la rampa di uscita
exit ramp

il traffico
traffic

il cavalcavia
flyover

la corsia
d'emergenza
hard shoulder

il sottopassaggio
underpass

il passaggio
pedonale
pedestrian crossing

il telefono per
emergenze
emergency phone

il parcheggio per
disabili
disabled parking

l'ingorgo
traffic jam

il navigatore
satellitare
satnav

il vigile urbano
traffic policeman

il parchimetro
parking meter

vocabolario • vocabulary

la rotatoria roundabout	**sorpassare** overtake (v)	**i lavori stradali** roadworks
la deviazione diversion	**parcheggiare** park (v)	**la carreggiata doppia** dual carriageway
il guardrail crash barrier	**rimorchiare** tow away (v)	**È questa la strada per ...?** Is this the road to...?
fare marcia indietro reverse (v)	**guidare** drive (v)	**Dove posso parcheggiare?** Where can I park?

i cartelli stradali • road signs

**ingresso
vietato**
no entry

**il limite di
velocità**
speed limit

pericolo
hazard

sosta vietata
no stopping

**svolta a destra
vietata**
no right turn

l'autobus • bus

il sedile dell'autista driver's seat	**la maniglia** handrail	**la porta a soffietto** automatic door	**la ruota anteriore** front wheel	**il bagagliaio** luggage hold

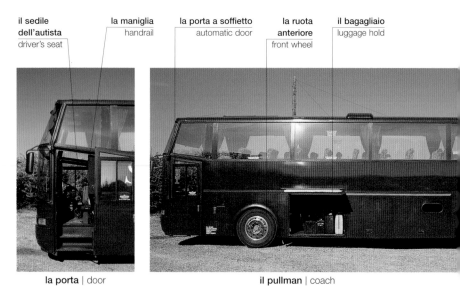

la porta | door   **il pullman** | coach

i tipi di autobus • types of buses

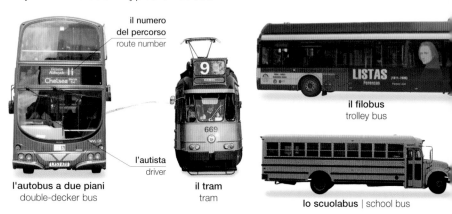

il numero del percorso route number

l'autista driver

l'autobus a due piani double-decker bus

il tram tram

il filobus trolley bus

lo scuolabus | school bus

la ruota posteriore
rear wheel

il finestrino
window

il pulsante di chiamata
stop button

il biglietto
bus ticket

il campanello
bell

l'autostazione
bus station

la fermata dell'autobus
bus stop

vocabolario • vocabulary

la tariffa fare	**la pensilina** bus shelter
l'orario timetable	**l'accesso per sedie a rotelle** wheelchair access
Ferma a...? Do you stop at...?	**Qual è l'autobus per...?** Which bus goes to...?

il pulmino
minibus

il pullman turistico | tourist bus

la navetta | shuttle bus

l'automobile 1 • car 1

l'esterno • exterior

lo specchietto retrovisore
rear-view mirror

il tergicristallo
windscreen wiper

lo sportello
door

lo specchietto laterale
wing mirror

il parabrezza
windscreen

il bagagliaio
boot

il cofano
bonnet

la freccia
indicator

la targa
licence plate

il paraurti
bumper

il faro
headlight

la ruota
wheel

il pneumatico
tyre

i bagagli
luggage

il portabagagli
roofrack

il portellone
tailgate

la cintura di sicurezza
seat belt

il seggiolino per bambino
child seat

i tipi • types

l'automobile elettrica
electric car

l'auto a cinque porte
hatchback

la berlina
saloon

l'auto familiare
estate

l'auto decappottabile
convertible

l'auto sportiva
sports car

la monovolume
people carrier

il fuoristrada
four-wheel drive

l'auto d'epoca
vintage

la limousine
limousine

la stazione di servizio • petrol station

la pompa di benzina
petrol pump

il prezzo
price

l'area di stazionamento
forecourt

vocabolario • vocabulary		
l'olio oil	**piombata** leaded	**l'autolavaggio** car wash
la benzina petrol	**il diesel** diesel	**l'antigelo** antifreeze
senza piombo unleaded	**il garage** garage	**il detergente per vetri** screenwash

Il pieno per favore.
Fill the tank, please.

l'automobile 2 • car 2

l'interno • interior

il sedile posteriore
back seat

il bracciolo
armrest

il poggiatesta
headrest

la sicura
door lock

la maniglia
handle

---

vocabolario • vocabulary

a due porte two-door	**a quattro porte** four-door	**automatico** automatic	**il freno** brake	**l'acceleratore** accelerator
a tre porte three-door	**manuale** manual	**l'accensione** ignition	**la frizione** clutch	**l'aria condizionata** air conditioning

Può indicarmi la strada per...?
Can you tell me the way to...?

Dov'è il parcheggio?
Where is the car park?

Posso parcheggiare qui?
Can I park here?

i comandi • controls

il volante
steering wheel

il clacson
horn

il cruscotto
dashboard

le luci intermittenti
hazard lights

la navigazione via satellite
satellite navigation

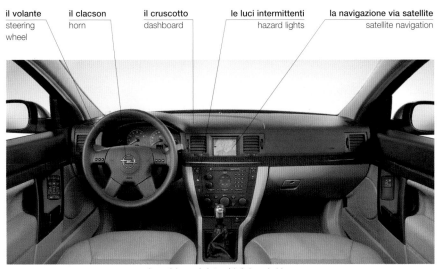

la guida a sinistra | left-hand drive

la spia della temperatura
temperature gauge

il contagiri
rev counter

il contachilometri
speedometer

la spia del carburante
fuel gauge

l'autoradio
car stereo

l'interruttore per le luci
lights switch

i comandi per il riscaldamento
heater controls

l'odometro
odometer

la leva del cambio
gearstick

l'airbag
air bag

la guida a destra | right-hand drive

l'automobile 3 • car 3

la meccanica • mechanics

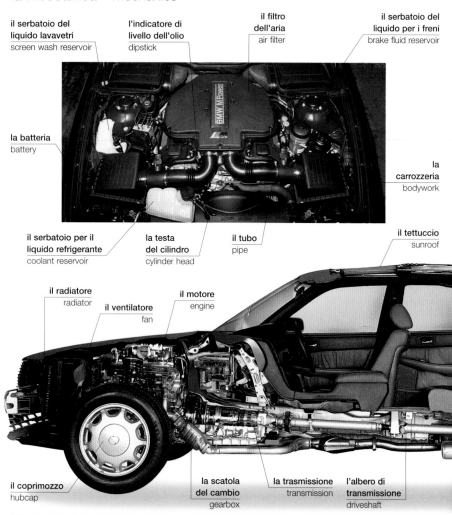

il serbatoio del
liquido lavavetri
screen wash reservoir

l'indicatore di
livello dell'olio
dipstick

il filtro
dell'aria
air filter

il serbatoio del
liquido per i freni
brake fluid reservoir

la batteria
battery

la
carrozzeria
bodywork

il serbatoio per il
liquido refrigerante
coolant reservoir

la testa
del cilindro
cylinder head

il tubo
pipe

il tettuccio
sunroof

il radiatore
radiator

il ventilatore
fan

il motore
engine

il coprimozzo
hubcap

la scatola
del cambio
gearbox

la trasmissione
transmission

l'albero di
transmissione
driveshaft

la foratura • puncture

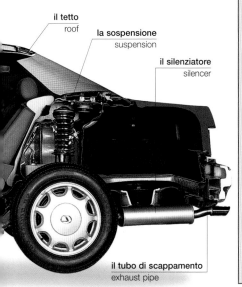

la ruota di scorta
spare tyre

la chiave
wrench

i bulloni della ruota
wheel nuts

il cric
jack

cambiare una ruota
change a wheel (v)

il tetto
roof

la sospensione
suspension

il silenziatore
silencer

il tubo di scappamento
exhaust pipe

vocabolario • vocabulary

l'incidente stradale
car accident

il guasto
breakdown

l'assicurazione
insurance

il carro attrezzi
tow truck

il meccanico
mechanic

la candela
spark plug

**la scatola dei
fusibili**
fuse box

**la pressione dei
pneumatici**
tyre pressure

**la cinghia della
ventola**
fan belt

**il serbatoio della
benzina**
petrol tank

il turbocompressore
turbocharger

il distributore
distributor

la messa in fase
timing

il telaio
chassis

il freno a mano
handbrake

l'alternatore
alternator

**la cinghia della
camma**
cam belt

....

Sono in panne.
I've broken down.

**La mia macchina
non parte.**
My car won't start.

la motocicletta • motorbike

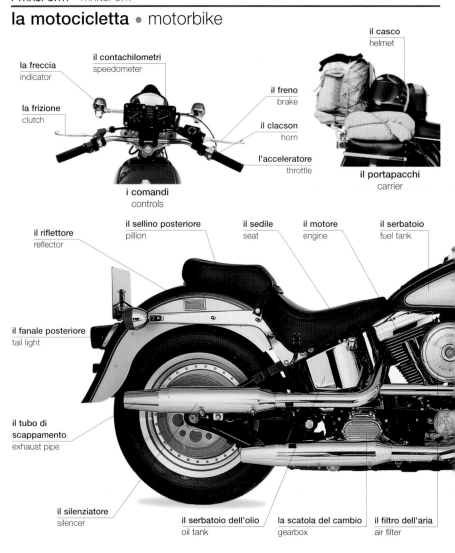

il casco
helmet

la freccia
indicator

il contachilometri
speedometer

la frizione
clutch

il freno
brake

il clacson
horn

l'acceleratore
throttle

il portapacchi
carrier

i comandi
controls

il riflettore
reflector

il sellino posteriore
pillion

il sedile
seat

il motore
engine

il serbatoio
fuel tank

il fanale posteriore
tail light

il tubo di
scappamento
exhaust pipe

il silenziatore
silencer

il serbatoio dell'olio
oil tank

la scatola del cambio
gearbox

il filtro dell'aria
air filter

i tipi • types

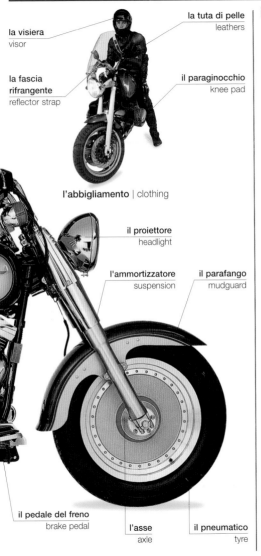

la tuta di pelle | leathers

la visiera | visor

la fascia rifrangente | reflector strap

il paraginocchio | knee pad

l'abbigliamento | clothing

il proiettore | headlight

l'ammortizzatore | suspension

il parafango | mudguard

il pedale del freno | brake pedal

l'asse | axle

il pneumatico | tyre

la moto da corsa | racing bike

il parabrezza | windshield

la moto da turismo | tourer

la moto da cross | dirt bike

il cavalletto | stand

il motorino | scooter

la bicicletta • bicycle

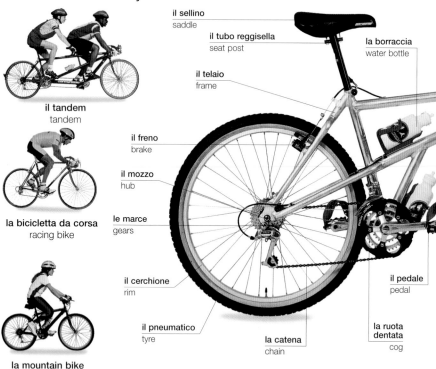

il sellino
saddle

il tubo reggisella
seat post

la borraccia
water bottle

il telaio
frame

il freno
brake

il mozzo
hub

le marce
gears

il cerchione
rim

il pneumatico
tyre

la catena
chain

il pedale
pedal

la ruota
dentata
cog

il casco
helmet

il tandem
tandem

la bicicletta da corsa
racing bike

la mountain bike
mountain bike

**la bicicletta da
turismo**
touring bike

la bicicletta da strada
road bike

la pista ciclabile | cycle lane

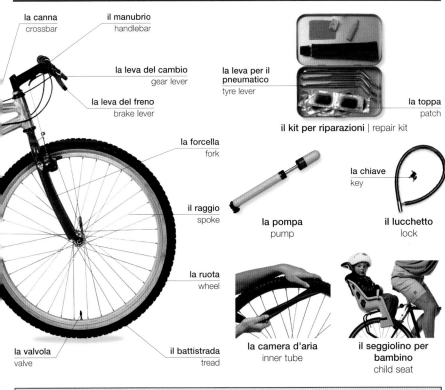

la canna
crossbar

il manubrio
handlebar

la leva del cambio
gear lever

la leva del freno
brake lever

la leva per il pneumatico
tyre lever

la toppa
patch

il kit per riparazioni | repair kit

la forcella
fork

il raggio
spoke

la chiave
key

la pompa
pump

il lucchetto
lock

la ruota
wheel

la valvola
valve

il battistrada
tread

la camera d'aria
inner tube

il seggiolino per bambino
child seat

vocabolario • vocabulary

il dente sprocket	**il cavalletto** kickstand	**il blocca freni** brake block	**il cestello** basket	**il fermapiedi** toe clip	**cambiare marcia** change gear (v)
il fanale lamp	**le rotelle** stabilisers	**il cavo** cable	**la dinamo** dynamo	**il cinghietto** toe strap	**frenare** brake (v)
il fanale posteriore rear light	**il posteggio per bici** bike rack	**il catarifrangente** reflector	**la foratura** puncture	**pedalare** pedal (v)	**andare in bici** cycle (v)

il treno • train

il vagone
carriage

il numero del
binario
platform number

il binario
platform

il pendolare
commuter

il carrello
trolley

la stazione ferroviaria | train station

i tipi di treno • types of train

la cabina del
conducente
driver's cab

la locomotiva
engine

la rotaia
rail

il treno a vapore
steam train

il treno diesel | diesel train

il treno elettrico
electric train

il treno ad alta velocità
high-speed train

la monorotaia
monorail

la metropolitana
underground train

il tram
tram

il treno merci
freight train

il portabagagli
luggage rack

il finestrino
window

il binario
track

la porta
door

il sedile
seat

lo scompartimento
compartment

la barriera
ticket barrier

il sistema di avviso ai passeggeri
public address system

l'orario
timetable

il biglietto
ticket

il vagone ristorante | dining car

l'atrio | concourse

lo scompartimento a cuccette
sleeping compartment

vocabolario • vocabulary

la rete ferroviaria rail network	**il ritardo** delay	**la biglietteria** ticket office	**il binario elettrificato** live rail
il treno intercity inter-city train	**la tariffa** fare	**il controllore** ticket inspector	**il segnale** signal
l'ora di punta rush hour	**la mappa della metropolitana** underground map	**cambiare** change (v)	**la leva di emergenza** emergency lever

l'aeroplano • aircraft

l'aereo di linea • airliner

il muso
nose

la cabina di
pilotaggio
cockpit

il motore
engine

la fusoliera
fuselage

l'ala
wing

la coda
tail

il timone
rudder

l'uscita
exit

la ruota anteriore
nosewheel

il carrello d'atterraggio
landing gear

l'alettone
aileron

l'aletta
fin

lo stabilizzatore
tailplane

la cabina • cabin

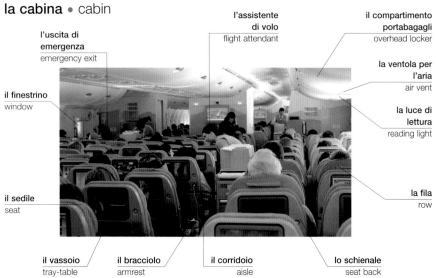

l'assistente
di volo
flight attendant

il compartimento
portabagagli
overhead locker

l'uscita di
emergenza
emergency exit

la ventola per
l'aria
air vent

il finestrino
window

la luce di
lettura
reading light

il sedile
seat

la fila
row

il vassoio
tray-table

il bracciolo
armrest

il corridoio
aisle

lo schienale
seat back

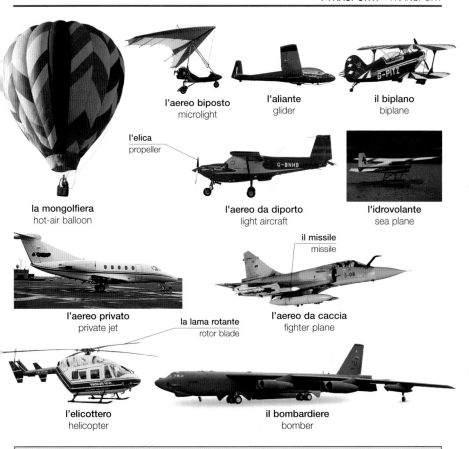

l'aereo biposto
microlight

l'aliante
glider

il biplano
biplane

l'elica
propeller

la mongolfiera
hot-air balloon

l'aereo da diporto
light aircraft

l'idrovolante
sea plane

il missile
missile

l'aereo privato
private jet

l'aereo da caccia
fighter plane

la lama rotante
rotor blade

l'elicottero
helicopter

il bombardiere
bomber

vocabolario • vocabulary

il pilota pilot	**decollare** take off (v)	**atterrare** land (v)	**la classe economica** economy class	**il bagaglio a mano** hand luggage
il copilota co-pilot	**volare** fly (v)	**la quota** altitude	**la business class** business class	**la cintura di sicurezza** seat belt

l'aeroporto • airport

l'area di stazionamento
apron

il carrello portabagagli
baggage trailer

il terminal
terminal

il veicolo di servizio
service vehicle

il passaggio pedonale
walkway

l'aereo di linea | airliner

vocabolario • vocabulary

la pista runway	**il numero del volo** flight number	**il nastro trasportatore** carousel	**la vacanza** holiday
la coincidenza connection	**l'immigrazione** immigration	**la sicurezza** security	**prenotare un volo** book a flight (v)
il volo nazionale domestic flight	**la dogana** customs	**l'apparecchio a raggi x** X-ray machine	**fare il check-in** check in (v)
il volo internazionale international flight	**il bagaglio in eccedenza** excess baggage	**l'opuscolo vacanze** holiday brochure	**la torre di controllo** control tower

il bagaglio
a mano
hand luggage

il bagaglio
luggage

il carrello
trolley

il banco accettazione
check-in desk

il visto
visa

il passaporto | passport

il controllo passaporti
passport control

la carta
d'imbarco
boarding pass

il biglietto
ticket

il numero
dell'uscita
gate number

le partenze
departures

la sala delle partenze
departure lounge

la destinazione
destination

gli arrivi
arrivals

il pannello degli orari
information screen

il negozio duty free
duty-free shop

il ricupero bagagli
baggage reclaim

il posteggio dei taxi
taxi rank

l'autonoleggio
car hire

---

la nave • ship

la prua
prow

il radar
radar

l'antenna della radio
radio antenna

il ponte
deck

il fumaiolo
funnel

il casseretto
quarterdeck

la marca di bordo libero
Plimsoll line

l'oblò
porthole

lo scafo
hull

la lancia di salvataggio
lifeboat

la chiglia
keel

l'elica
propeller

la nave da crociera
ocean liner

il ponte di comando
bridge

la sala macchine
engine room

la cabina
cabin

la cucina di bordo
galley

vocabolario • vocabulary

il bacino
dock

il porto
port

la passerella
gangway

l'ancora
anchor

la colonna d'ormeggio
bollard

il mulinello
windlass

il capitano
captain

il motoscafo
speedboat

la barca a remi
rowing boat

la canoa
canoe

altre imbarcazioni • other ships

il traghetto
ferry

il motore fuoribordo
outboard motor

il gommone
inflatable dinghy

l'aliscafo
hydrofoil

lo yacht
yacht

il catamarano
catamaran

il rimorchiatore
tug boat

l'hovercraft
hovercraft

la nave porta container
container ship

il sartiame
rigging

la stiva
hold

la barca a vela
sailboat

la nave da trasporto
freighter

la petroliera
oil tanker

la portaerei
aircraft carrier

la nave da guerra
battleship

la torretta di
comando
conning tower

il sottomarino
submarine

il porto • port

il magazzino
warehouse

la gru
crane

il carrello elevatore
fork-lift truck

la strada di accesso
access road

l'ufficio della
dogana
customs house

il bacino
dock

il container
container

la banchina
quay

il carico
cargo

il terminale
dei traghetti
ferry terminal

il traghetto
ferry

la biglietteria
ticket office

il
passeggero
passenger

il porto per container | container port

il porto per passeggeri | passenger port

la rete
net

la barca da pesca
fishing boat

l'ormeggio
mooring

il porto da pesca
fishing port

il porto turistico
marina

il porto
harbour

il pontile
pier

il molo
jetty

il cantiere navale
shipyard

la luce
lamp

il faro
lighthouse

la boa
buoy

vocabolario • vocabulary

il guardacoste coastguard	**mollare l'ancora** drop anchor (v)	**imbarcare** board (v)
il capitano di porto harbour master	**ormeggiare** moor (v)	**sbarcare** disembark (v)
il bacino di carenaggio dry dock	**entrare in bacino** dock (v)	**salpare** set sail (v)

gli sport
sports

il football americano • American football

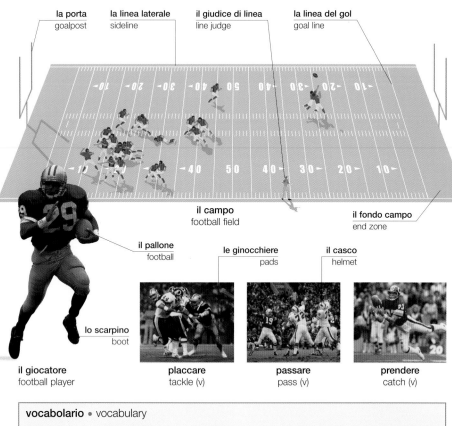

la porta
goalpost

la linea laterale
sideline

il giudice di linea
line judge

la linea del gol
goal line

il campo
football field

il fondo campo
end zone

il pallone
football

le ginocchiere
pads

il casco
helmet

lo scarpino
boot

il giocatore
football player

placcare
tackle (v)

passare
pass (v)

prendere
catch (v)

---

vocabolario • vocabulary

il time-out	la squadra	la difesa	la cheerleader	A quanto stanno?
time out	team	defence	cheerleader	What is the score?
il fumble	**l'attacco**	**il punteggio**	**il touch-down**	**Chi vince?**
fumble	attack	score	touchdown	Who is winning?

---

il rugby • rugby

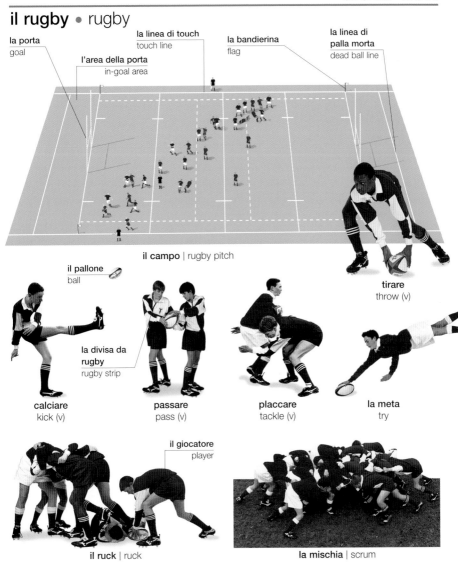

la porta
goal

l'area della porta
in-goal area

la linea di touch
touch line

la bandierina
flag

la linea di
palla morta
dead ball line

il campo | rugby pitch

tirare
throw (v)

il pallone
ball

calciare
kick (v)

la divisa da
rugby
rugby strip

passare
pass (v)

placcare
tackle (v)

la meta
try

il giocatore
player

il ruck | ruck

la mischia | scrum

il calcio • soccer

il pallone
football

l'attaccante
forward

l'arbitro
referee

il centro campo
centre circle

il portiere
goalkeeper

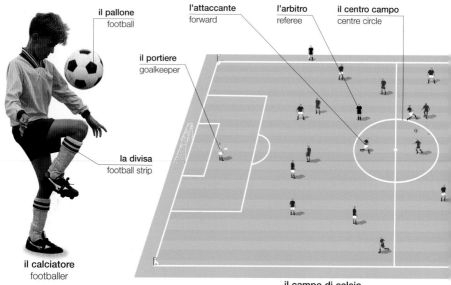

la divisa
football strip

il calciatore
footballer

il campo di calcio
football pitch

il palo
goalpost

la rete
net

la traversa
crossbar

il gol | goal

dribblare | dribble (v)

colpire di testa
head (v)

il muro
wall

il calcio di punizione | free kick

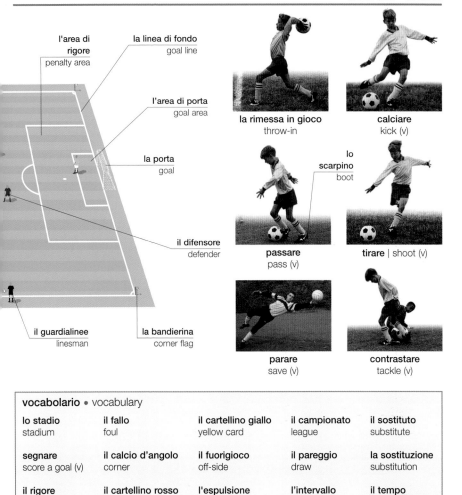

l'area di rigore
penalty area

la linea di fondo
goal line

l'area di porta
goal area

la porta
goal

il difensore
defender

il guardialinee
linesman

la bandierina
corner flag

la rimessa in gioco
throw-in

calciare
kick (v)

lo scarpino
boot

passare
pass (v)

tirare | shoot (v)

parare
save (v)

contrastare
tackle (v)

---

vocabolario • vocabulary

lo stadio stadium	**il fallo** foul	**il cartellino giallo** yellow card	**il campionato** league	**il sostituto** substitute
segnare score a goal (v)	**il calcio d'angolo** corner	**il fuorigioco** off-side	**il pareggio** draw	**la sostituzione** substitution
il rigore penalty	**il cartellino rosso** red card	**l'espulsione** send off	**l'intervallo** half time	**il tempo supplementare** extra time

l'hockey • hockey

l'hockey su ghiaccio • ice hockey

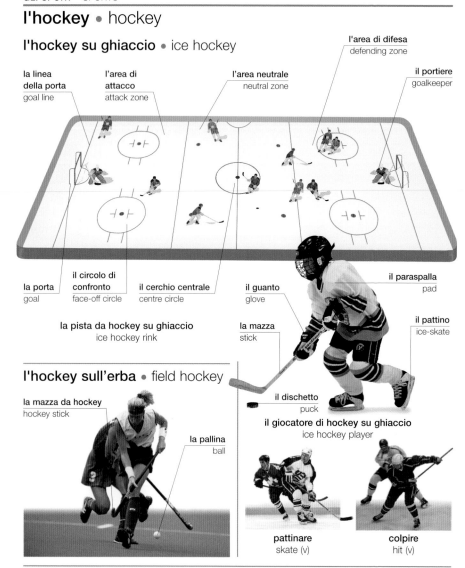

l'area di difesa
defending zone

la linea
della porta
goal line

l'area di
attacco
attack zone

l'area neutrale
neutral zone

il portiere
goalkeeper

il circolo di
confronto
face-off circle

la porta
goal

il cerchio centrale
centre circle

il paraspalla
pad

il guanto
glove

il pattino
ice-skate

la pista da hockey su ghiaccio
ice hockey rink

la mazza
stick

l'hockey sull'erba • field hockey

la mazza da hockey
hockey stick

la pallina
ball

il dischetto
puck

il giocatore di hockey su ghiaccio
ice hockey player

pattinare
skate (v)

colpire
hit (v)

il cricket • cricket

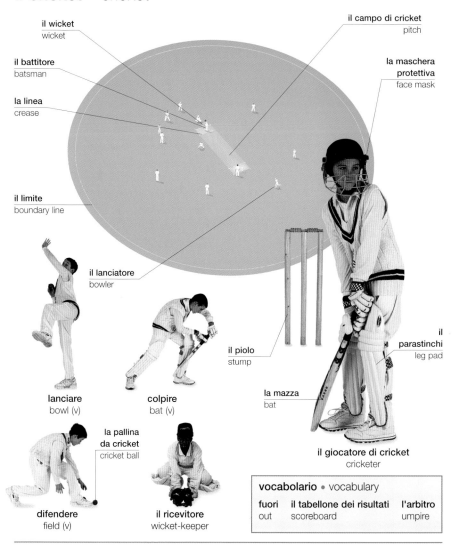

il wicket
wicket

il battitore
batsman

la linea
crease

il limite
boundary line

il campo di cricket
pitch

la maschera protettiva
face mask

il lanciatore
bowler

il piolo
stump

il parastinchi
leg pad

la mazza
bat

lanciare
bowl (v)

colpire
bat (v)

la pallina da cricket
cricket ball

difendere
field (v)

il ricevitore
wicket-keeper

il giocatore di cricket
cricketer

vocabolario • vocabulary		
fuori	**il tabellone dei risultati**	**l'arbitro**
out	scoreboard	umpire

la pallacanestro • basketball

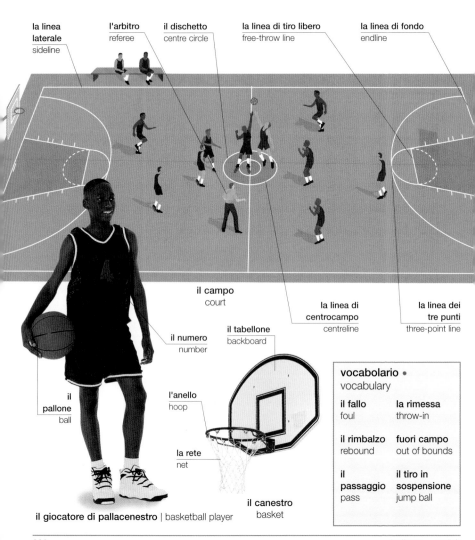

la linea
laterale
sideline

l'arbitro
referee

il dischetto
centre circle

la linea di tiro libero
free-throw line

la linea di fondo
endline

il campo
court

la linea di
centrocampo
centreline

la linea dei
tre punti
three-point line

il numero
number

il tabellone
backboard

il
pallone
ball

l'anello
hoop

la rete
net

il canestro
basket

il giocatore di pallacenestro | basketball player

vocabolario •
vocabulary

il fallo foul	la rimessa throw-in
il rimbalzo rebound	fuori campo out of bounds
il passaggio pass	il tiro in sospensione jump ball

le azioni • actions

tirare
throw (v)

acchiappare
catch (v)

tirare
shoot (v)

saltare
jump (v)

marcare
mark (v)

bloccare
block (v)

rimbalzare
bounce (v)

segnare
dunk (v)

la pallavolo • volleyball

contrastare
block (v)

la rete
net

difendere
dig (v)

l'arbitro
referee

la ginocchiera
knee support

il campo | court

il baseball • baseball

il campo • field

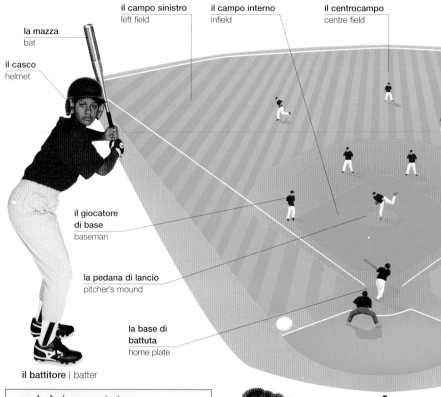

il campo sinistro
left field

il campo interno
infield

il centrocampo
centre field

la mazza
bat

il casco
helmet

il giocatore
di base
baseman

la pedana di lancio
pitcher's mound

la base di
battuta
home plate

il battitore | batter

---

vocabolario • vocabulary

il turno di battuta	salvo	lo strike
inning	safe	strike
il giro	fuori	il fallo
run	out	foul ball

la palla
ball

il guantone
mitt

la maschera
mask

---

le azioni • actions

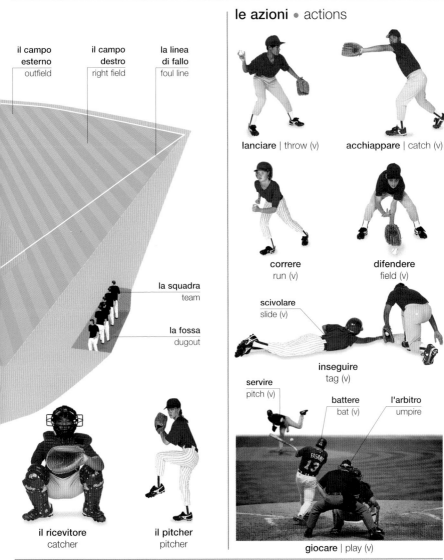

il campo esterno	il campo destro	la linea di fallo
outfield	right field	foul line

la squadra
team

la fossa
dugout

il ricevitore
catcher

il pitcher
pitcher

lanciare | throw (v)

acchiappare | catch (v)

correre
run (v)

difendere
field (v)

scivolare
slide (v)

inseguire
tag (v)

servire
pitch (v)

battere
bat (v)

l'arbitro
umpire

giocare | play (v)

il tennis • tennis

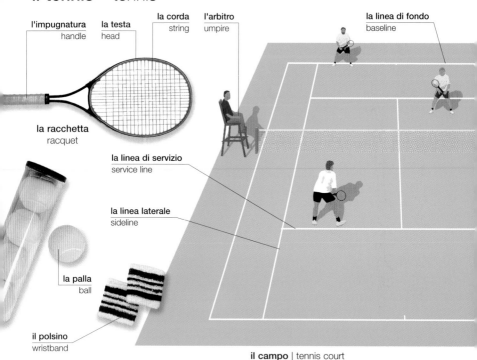

l'impugnatura
handle

la testa
head

la corda
string

l'arbitro
umpire

la linea di fondo
baseline

la racchetta
racquet

la linea di servizio
service line

la linea laterale
sideline

la palla
ball

il polsino
wristband

il campo | tennis court

vocabolario • vocabulary					
il singolare singles	il set set	il deuce deuce	il fallo fault	il taglio slice	l'avvitamento spin
il doppio doubles	la partita match	il vantaggio advantage	l'asso ace	il palleggio rally	il campionato championship
il gioco game	il tiebreak tiebreak	a zero love	la smorzata dropshot	colpo nullo! let!	il giudice di linea linesman

i colpi • strokes

la rete
net

la schiacciata
smash

il raccattapalle
ballboy

battere il servizio
serve (v)

le scarpe da tennis
tennis shoes

il tennista
player

il servizio
serve

la volée
volley

il ritorno
return

il pallonetto
lob

il dritto
forehand

il rovescio
backhand

i giochi con la racchetta • racquet games

il volano
shuttlecock

la racchetta
bat

il badminton
badminton

il ping pong
table tennis

lo squash
squash

il racquetball
racquetball

il golf • golf

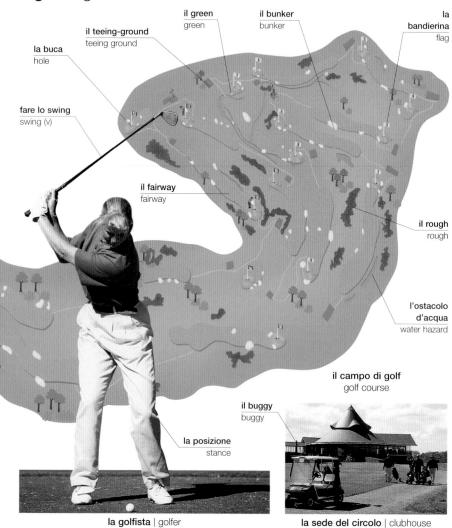

il green | green

il teeing-ground | teeing ground

il bunker | bunker

la bandierina | flag

la buca | hole

fare lo swing | swing (v)

il fairway | fairway

il rough | rough

l'ostacolo d'acqua | water hazard

il campo di golf
golf course

il buggy | buggy

la posizione | stance

la golfista | golfer

la sede del circolo | clubhouse

le attrezzature • equipment

la pallina da golf
golf ball

il tee
tee

la sacca da golf
golf bag

i chiodi
spikes

il guanto
glove

il carrellino
golf trolley

la scarpa da golf
golf shoe

le mazze da golf • golf clubs

la mazza di legno
wood

il putter
putter

le azioni • actions

cominciare la partita
tee-off (v)

colpire a distanza
drive (v)

colpire leggermente
putt (v)

colpire da vicino
chip (v)

la mazza di ferro
iron

la mazza ricurva
wedge

vocabolario • vocabulary

il par par	l'overpar over par	l'handicap handicap	il caddy caddy	il colpo stroke	il back-swing backswing
l'underpar under par	la buca in uno hole in one	il torneo tournament	gli spettatori spectators	lo swing di pratica practice swing	la linea di gioco line of play

l'atletica • athletics

la corsia
lane

la pista
track

il traguardo
finishing line

la linea di partenza
starting line

il campo
field

l'atleta
athlete

**la pedana
di partenza**
starting
blocks

il velocista
sprinter

il lancio del disco
discus

il lancio del peso
shotput

il lancio del giavellotto
javelin

---

vocabolario • vocabulary

la gara race	**il primato** record	**il fotofinish** photo finish	**il salto con l'asta** pole vault
il tempo time	**battere un** **primato** break a record (v)	**la maratona** marathon	**il primato** **personale** personal best

il cronometro
stopwatch

il testimone
baton

la staffetta
relay race

la sbarra
crossbar

il salto in alto
high jump

il salto in lungo
long jump

la corsa a ostacoli
hurdles

la ginnastica • gymnastics

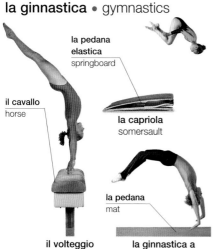

la pedana
elastica
springboard

la ginnasta
gymnast

il cavallo
horse

la capriola
somersault

la trave
beam

il nastro
ribbon

il volteggio
vault

la pedana
mat

la ginnastica a
corpo libero
floor exercises

la ruota
tumble

la ginnastica ritmica
rhythmic gymnastics

---

vocabolario • vocabulary

la sbarra horizontal bar	**le sbarre asimmetriche** asymmetric bars	**gli anelli** rings	**le medaglie** medals	**l'argento** silver
le parallele parallel bars	**il cavallo** pommel horse	**il podio** podium	**l'oro** gold	**il bronzo** bronze

---

gli sport da combattimento • combat sports

l'avversario
opponent

il casco
guard

il guanto
glove

la cintura
belt

il karate
karate

il tae kwondo
tae-kwon-do

la maschera
mask

il judo
judo

la
sciabola
sword

l'aikido
aikido

il kendo
kendo

il kung fu
kung fu

il kickboxing
kickboxing

la lotta greco-romana
wrestling

il pugilato
boxing

le mosse • actions

la scivolata
fall

la presa
hold

la proiezione
throw

la caduta
pin

il calcio
kick

il pugno
punch

il colpo
strike

il salto
jump

la parata
block

il colpo di taglio
chop

vocabolario • vocabulary

il ring boxing ring	**il round** round	**il pugno** fist	**la cintura nera** black belt	**la capoeira** capoeira
i guantoni boxing gloves	**l'incontro** bout	**il k.o** knock out	**l'autodifesa** self defence	**il sumo** sumo wrestling
il paradenti mouth guard	**l'allenamento** sparring	**il sacco** punch bag	**le arti marziali** martial arts	**il tai-chi** tai-chi

il nuoto • swimming
l'attrezzatura • equipment

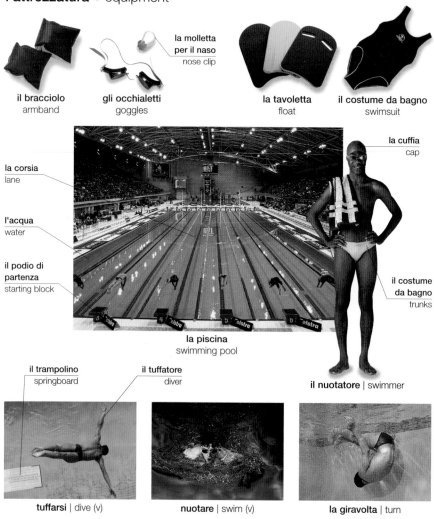

il bracciolo
armband

gli occhialetti
goggles

la molletta per il naso
nose clip

la tavoletta
float

il costume da bagno
swimsuit

la cuffia
cap

la corsia
lane

l'acqua
water

il podio di partenza
starting block

il costume da bagno
trunks

la piscina
swimming pool

il nuotatore | swimmer

il trampolino
springboard

il tuffatore
diver

tuffarsi | dive (v)

nuotare | swim (v)

la giravolta | turn

gli stili • styles

lo stile libero
front crawl

la rana
breaststroke

la bracciata
stroke

la gambata
kick

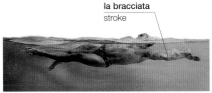

il dorso | backstroke

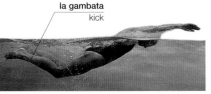

la farfalla | butterfly

il nuoto subacqueo • scuba diving

la tuta subacquea
wetsuit

la pinna
flipper

la cintura dei pesi
weight belt

la bombola
air cylinder

la maschera
mask

il regolatore
regulator

il boccaglio
snorkel

---

vocabolario • vocabulary

il tuffo dive	**il tuffo alto** high dive	**gli armadietti** lockers	**la pallanuoto** water polo	**la parte bassa** shallow end	**il crampo** cramp
il tuffo di rincorsa racing dive	**tenersi a galla** tread water (v)	**il bagnino** lifeguard	**la parte profonda** deep end	**il nuoto sincronizzato** synchronized swimming	**annegare** drown (v)

la vela • sailing

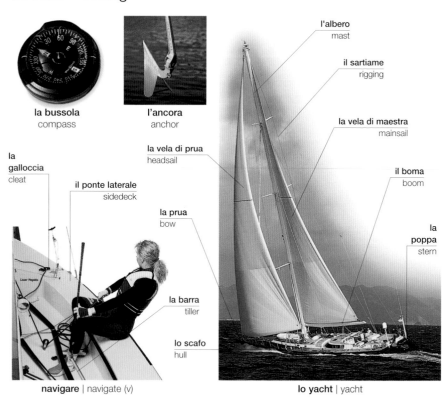

la bussola
compass

l'ancora
anchor

la
galloccia
cleat

il ponte laterale
sidedeck

la vela di prua
headsail

l'albero
mast

il sartiame
rigging

la vela di maestra
mainsail

il boma
boom

la
poppa
stern

la prua
bow

la barra
tiller

lo scafo
hull

navigare | navigate (v)

lo yacht | yacht

la sicurezza • safety

il razzo illuminante
flare

il salvagente
lifebuoy

il giubbotto di
salvataggio
life jacket

la zattera di salvataggio
life raft

gli sport acquatici • watersports

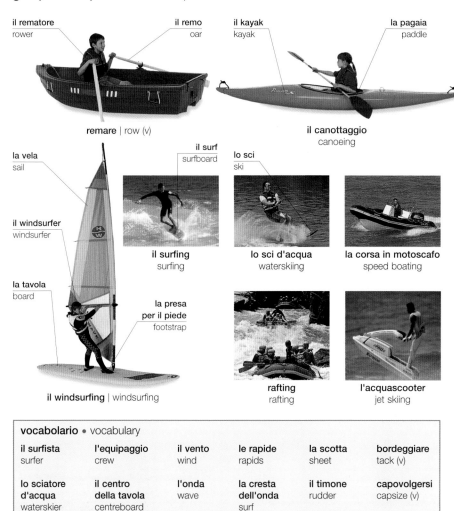

il rematore
rower

il remo
oar

il kayak
kayak

la pagaia
paddle

remare | row (v)

il canottaggio
canoeing

la vela
sail

il surf
surfboard

lo sci
ski

il windsurfer
windsurfer

la tavola
board

la presa
per il piede
footstrap

il surfing
surfing

lo sci d'acqua
waterskiing

la corsa in motoscafo
speed boating

il windsurfing | windsurfing

rafting
rafting

l'acquascooter
jet skiing

vocabolario • vocabulary					
il surfista surfer	l'equipaggio crew	il vento wind	le rapide rapids	la scotta sheet	bordeggiare tack (v)
lo sciatore d'acqua waterskier	il centro della tavola centreboard	l'onda wave	la cresta dell'onda surf	il timone rudder	capovolgersi capsize (v)

l'equitazione • horse riding

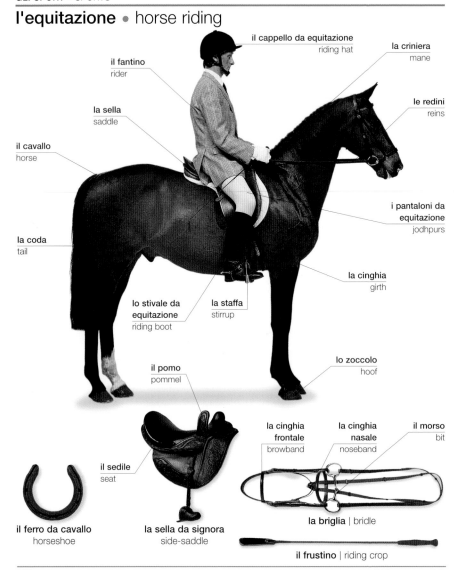

il cappello da equitazione
riding hat

la criniera
mane

il fantino
rider

le redini
reins

la sella
saddle

il cavallo
horse

i pantaloni da
equitazione
jodhpurs

la coda
tail

la cinghia
girth

lo stivale da
equitazione
riding boot

la staffa
stirrup

lo zoccolo
hoof

il pomo
pommel

la cinghia
frontale
browband

la cinghia
nasale
noseband

il morso
bit

il sedile
seat

il ferro da cavallo
horseshoe

la sella da signora
side-saddle

la briglia | bridle

il frustino | riding crop

le corse • events

il cavallo da corsa
racehorse

l'ostacolo
fence

la corsa di cavalli
horse race

la corsa a ostacoli
steeplechase

la corsa al trotto
harness race

il rodeo
rodeo

il concorso ippico
showjumping

la corsa di carrozze
carriage race

l'escursione a cavallo
trekking

il dressage
dressage

il polo
polo

vocabolario • vocabulary

il passo walk	**il galoppo** gallop	**il salto** jump	**la cavezza** halter	**il recinto** paddock	**l'ippodromo** racecourse
il trotto trot	**il piccolo galoppo** canter	**il palafreniere** groom	**la stalla** stable	**l'arena** arena	**la corsa in piano** flat race

la pesca • fishing

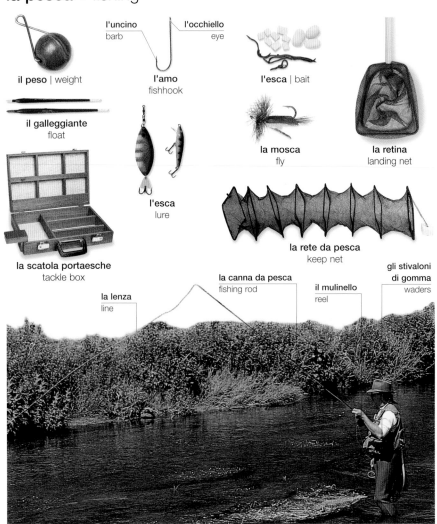

il peso | weight

l'uncino
barb

l'occhiello
eye

l'amo
fishhook

l'esca | bait

il galleggiante
float

la mosca
fly

la retina
landing net

l'esca
lure

la scatola portaesche
tackle box

la rete da pesca
keep net

la lenza
line

la canna da pesca
fishing rod

il mulinello
reel

**gli stivaloni
di gomma**
waders

il pescatore | angler

i tipi di pesca • types of fishing

la pesca in acqua dolce
freshwater fishing

la pesca con la mosca
fly fishing

la pesca sportiva
sport fishing

la pesca in alto mare
deep sea fishing

la pesca dalla riva
surfcasting

le attività • activities

lanciare
cast (v)

prendere
catch (v)

tirare con il mulinello
reel in (v)

pescare con la rete
net (v)

rilasciare
release (v)

---

vocabolario • vocabulary

fornire di esca bait (v)	**l'attrezzatura** tackle	**i sovrapantaloni** waterproofs	**la licenza di pesca** fishing permit	**la nassa** creel
abboccare bite (v)	**la bobina** spool	**la canna da pesca** fishing pole	**la pesca in mare** marine fishing	**la pesca con la fiocina** spearfishing

---

lo sci • skiing

la pista da sci
ski slope

la seggiovia
chairlift

la funivia
cable car

la pista da sci
ski run

la transenna
di sicurezza
safety barrier

il guanto
glove

il bastone
da sci
ski pole

la punta
tip

la lama
edge

lo sci
ski

la giacca da sci
ski jacket

la sciatrice
skier

lo scarpone da sci
ski boot

le gare • events

la discesa
downhill skiing

la porta
gate

lo slalom
slalom

il salto
ski jump

lo sci di fondo
cross-country skiing

gli sport invernali • winter sports

**l'arrampicata
su ghiaccio**
ice climbing

**il pattinaggio
su ghiaccio**
ice-skating

gli occhiali
goggles

il pattino
skate

**il pattinaggio
artistico**
figure skating

lo snowboard
snowboarding

il bob
bobsleigh

lo slittino
luge

vocabolario • vocabulary

la valanga avalanche	**fuoripista** off-piste
lo sci alpino alpine skiing	**il curling** curling
lo slalom gigante giant slalom	**il biathlon** biathlon
la corsa su slitta trainata da cani dog sledding	**il pattinaggio di velocità** speed skating

la motoslitta
snowmobile

la corsa su slitta
sledding

gli altri sport • other sports

l'aliante
glider

il deltaplano
hang-glider

il volo a vela
gliding

il paracadute
parachute

il volo in deltaplano
hang-gliding

la corda
rope

l'alpinismo in parete
rock climbing

il paracadutismo
parachuting

il parapendio
paragliding

il paracadutismo libero
skydiving

la cordata
abseiling

il bungee jumping
bungee jumping

il rally
rally driving

il pilota
da corsa
racing driver

l'automobilismo
motor racing

il motocross
motorcross

il motociclismo
motorbike racing

la tavola da
skateboard
skateboard

lo skate board
skateboarding

il pattinaggio in linea
inline skating

la mazza
stick

la maschera
mask

il fioretto
foil

il lacrosse
lacrosse

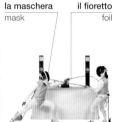

la scherma
fencing

il birillo
pin

il bowling
bowling

l'arco
bow

la freccia
arrow

la faretra
quiver

il tiro con l'arco
archery

il bersaglio
target

il tiro al bersaglio
target shooting

la palla da
bowling
bowling ball

il biliardo
pool

lo snooker
snooker

il fitness • fitness

la cyclette
exercise bike

la macchina per esercizi
gym machine

la panca
bench

i manubri
free weights

la sbarra
bar

il vogatore
rowing machine

la palestra
gym

il treadmill
treadmill

il cross trainer
cross trainer

l'istruttore individuale
personal trainer

la macchina per step
step machine

la piscina
swimming pool

la sauna
sauna

gli esercizi • exercises

lo stretching
stretch

lo stiramento
lunge

il collant
tights

le flessioni
press-up

lo squat
squat

gli addominali
sit-up

il manubrio
dumb bell

**le alzate con
il manubrio**
bicep curl

**la pressa per le
gambe**
leg press

la pressa per pettorali
chest press

gli
scarponcini
trainers

il bilanciere
weight bar

**l'addestramento
ai pesi**
weight training

il footing
jogging

il Pilates
Pilates

---

vocabolario • vocabulary

allenarsi train (v)	**correre sul posto** jog on the spot (v)	**stendere** extend (v)	**la ginnastica prepugilistica** boxercise	**saltare con la corda** skipping
riscaldarsi warm up (v)	**flettere** flex (v)	**sollevare** pull up (v)	**l'allenamento a circuito** circuit training	

il tempo libero
leisure

il teatro • theatre

il sipario
curtain

le quinte
wings

la scenografia
set

il pubblico
audience

l'orchestra
orchestra

il palcoscenico | stage

la poltrona
seat

la seconda galleria
upper circle

la fila
row

il palco
box

la
galleria
circle

la
balconata
balcony

il
corridoio
aisle

le poltrone
di platea
stalls

le poltrone | seating

vocabolario • vocabulary

l'attrice actress	il regista director	la prima first night
il cast cast	il produttore producer	l'intervallo interval
l'attore actor	il copione script	il programma programme
l'opera teatrale play	il fondale backdrop	il golfo mistico orchestra pit

il concerto
concert

il musical
musical

il costume
costume

il balletto
ballet

vocabolario • vocabulary

la maschera usher	**la colonna sonora** soundtrack	**Vorrei due biglietti per lo spettacolo di stasera.** I'd like two tickets for tonight's performance.
la musica classica classical music	**applaudire** applaud (v)	
la partitura musicale musical score	**il bis** encore	**A che ora inizia?** What time does it start?

l'opera
opera

il cinema • cinema

il popcorn
popcorn

la biglietteria
box office

l'atrio
lobby

il poster
poster

il cinema
cinema hall

lo schermo
screen

vocabolario • vocabulary

la commedia comedy	**il film d'amore** romance
il thriller thriller	**il film di fantascienza** science fiction film
il film di orrore horror film	**il film di avventura** adventure
il western western	**il film di animazione** animated film

l'orchestra • orchestra

le corde • strings

l'arpa
harp

il direttore di orchestra
conductor

il contrabbasso
double bass

il violino
violin

il podio
podium

la viola
viola

il violoncello
cello

lo spartito
score

la chiave
di sol
treble clef

la nota
note

il
pentagramma
staff

la chiave
di basso
bass clef

l'annotazione | notation

il pianoforte | piano

vocabolario • vocabulary

l'ouverture	la sonata	la pausa	il diesis	naturale	la scala
overture	sonata	rest	sharp	natural	scale
la sinfonia	gli strumenti	il tono	il bemolle	la battuta	la bacchetta
symphony	instruments	pitch	flat	bar	baton

gli strumenti a fiato • woodwind

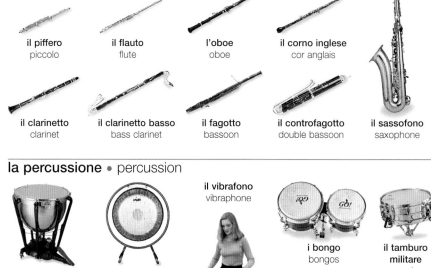

il piffero piccolo	**il flauto** flute	**l'oboe** oboe	**il corno inglese** cor anglais
il clarinetto clarinet	**il clarinetto basso** bass clarinet	**il fagotto** bassoon	**il controfagotto** double bassoon

il sassofono
saxophone

la percussione • percussion

il vibrafono
vibraphone

i bongo
bongos

il tamburo militare
snare drum

il timpano
kettledrum

il gong
gong

i cembali
cymbals

il tamburino
tambourine

il triangolo
triangle

i maracas
maracas

i pedali
foot pedals

gli ottoni • brass

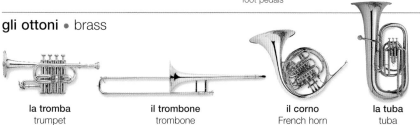

la tromba trumpet	**il trombone** trombone	**il corno** French horn	**la tuba** tuba

il concerto • concert

l'altoparlante
speaker

i fans
fans

il cantante
lead singer

il chitarrista
guitarist

il microfono
microphone

il batterista
drummer

il concerto rock | rock concert

gli strumenti • instruments

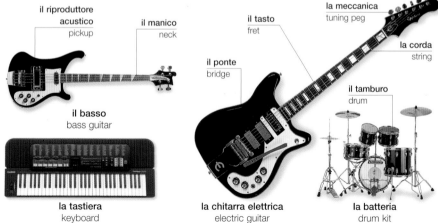

il riproduttore
acustico
pickup

il manico
neck

il tasto
fret

la meccanica
tuning peg

la corda
string

il ponte
bridge

il tamburo
drum

il basso
bass guitar

la tastiera
keyboard

la chitarra elettrica
electric guitar

la batteria
drum kit

gli stili musicali • musical styles

il jazz
jazz

il blues
blues

il punk
punk

la musica folk
folk music

il pop
pop

la musica da ballo
dance

il rap
rap

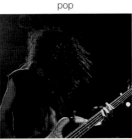

l'heavy metal
heavy metal

la musica classica
classical music

---

vocabolario • vocabulary

la canzone	**il testo**	**la melodia**	**il ritmo**	**il reggae**	**il country**	**il proiettore**
song	lyrics	melody	beat	reggae	country	spotlight

---

il turismo • sightseeing

il turista
tourist

il luogo d'interesse turistico | tourist attraction

l'itinerario
itinerary

scoperto
open-top

This is an official London Sightseeing Bus.

LONDON PRIDE

il pullman turistico | tour bus

la guida
turistica
tour guide

la visita guidata
guided tour

la statuina
statuette

i ricordi
souvenirs

vocabolario • vocabulary

aperto open	**la guida** guide book	**le indicazioni** directions	**a sinistra** left	**Dov'è...?** Where is...?
chiuso closed	**la pellicola** film	**la videocamera** camcorder	**a destra** right	**Mi sono perso.** I'm lost.
la tariffa **d'ingresso** entrance fee	**le batterie** batteries	**la macchina** **fotografica** camera	**dritto** straight on	**Mi può dire come si arriva a...?** Can you tell me the way to....?

i luoghi d'interesse • attractions

il quadro
painting

l'oggetto
exhibit

l'esposizione
exhibition

la rovina
famosa
famous ruin

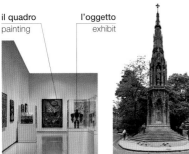

la galleria d'arte
art gallery

il monumento
monument

il museo
museum

l'edificio storico
historic building

il casinò
casino

i giardini
gardens

il parco nazionale
national park

l'informazione • information

gli orari
times

la pianta del piano
floor plan

la mappa
map

l'orario
timetable

**l'ufficio informazioni
turistiche**
tourist information

le attività all'aria aperta • outdoor activities

il sentiero
footpath

la meridiana
sundial

il caffè
café

il parco | park

il prato
grass

la panchina
bench

il giardino
all'italiana
formal gardens

le montagne russe
roller coaster

il luna park
fairground

il parco a tema
theme park

lo zoosafari
safari park

lo zoo
zoo

le attività • activities

il ciclismo
cycling

il footing
jogging

lo skateboard
skateboarding

il pattinaggio
rollerblading

il sentiero per cavalli
bridle path

l'ornitologia
bird watching

l'equitazione
horse riding

l'escursionismo
hiking

la cesta
hamper

il picnic
picnic

il parco giochi • playground

la fossa di sabbia
sandpit

la piscina gonfiabile
paddling pool

l'altalena
swings

il bilanciere | seesaw

lo scivolo
slide

la struttura per arrampicarsi
climbing frame

la spiaggia • beach

l'albergo
hotel

l'ombrellone
beach umbrella

la cabina
beach hut

la sabbia
sand

l'onda
wave

il mare
sea

la borsa
da spiaggia
beach bag

il bikini
bikini

prendere il sole | sunbathe (v)

il bagnino
lifeguard

la torre di sorveglianza
lifeguard tower

il paravento
windbreak

il lungomare
promenade

la sedia a sdraio
deck chair

gli occhiali da sole
sunglasses

il cappello da spiaggia
sunhat

la crema abbronzante
suntan lotion

la crema protettiva
sunblock

il pallone da spiaggia
beach ball

la ciambella
rubber ring

il costume da bagno
swimsuit

la paletta
spade

il secchiello
bucket

il castello di sabbia
sandcastle

la conchiglia
shell

l'asciugamano da spiaggia
beach towel

il campeggio • camping

i bagni toilets	**i rifiuti** waste disposal	**le docce** shower block	**la presa di corrente** electric hook-up

il telo protettivo flysheet	**il piolo** tent peg	**la corda tirante** guy rope	**la roulotte** caravan

il campeggio
campsite

---

vocabolario • vocabulary

campeggiare camp (v)	**il posteggio** pitch	**la tavola da picnic** picnic bench	**la carbonella** charcoal
l'ufficio del direttore site manager's office	**piantare una tenda** pitch a tent (v)	**l'amaca** hammock	**l'esca per il fuoco** firelighter
le piazzole disponibili pitches available	**il palo** tent pole	**il camper** camper van	**accendere un fuoco** light a fire (v)
completo full	**il lettino da campeggio** camp bed	**il rimorchio** trailer	**il fuoco** campfire

---

la struttura
frame

il telo isolante
ground sheet

lo zaino
backpack

il thermos
vacuum flask

la borraccia
water bottle

la tenda
tent

l'insettifugo
insect repellent

la torcia
torch

la zanzariera
mosquito net

gli indumenti
termici
thermals

le scarpe da
escursionismo
walking boots

gli indumenti
impermeabili
waterproofs

il sacco a pelo
sleeping bag

il materassino
sleeping mat

il fornelletto da campeggio
camping stove

la griglia per barbecue
barbecue

il materassino ad aria | air mattress

gli intrattenimenti in casa • home entertainment

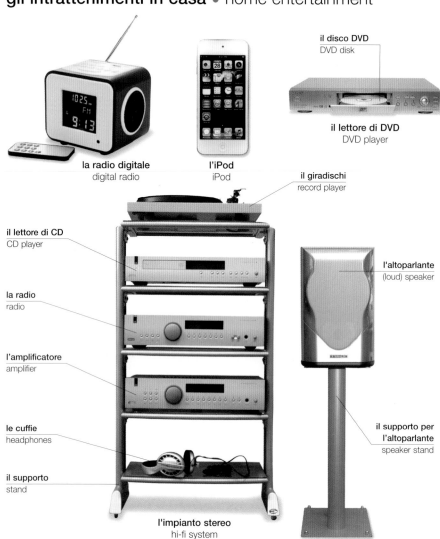

il disco DVD
DVD disk

il lettore di DVD
DVD player

la radio digitale
digital radio

l'iPod
iPod

il giradischi
record player

il lettore di CD
CD player

l'altoparlante
(loud) speaker

la radio
radio

l'amplificatore
amplifier

le cuffie
headphones

il supporto per l'altoparlante
speaker stand

il supporto
stand

l'impianto stereo
hi-fi system

lo schermo
screen

l'oculare
eyecup

il decoder
digital box

la videocamera
camcorder

l'antenna parabolica
satellite dish

la TV a schermo piatto
flatscreen TV

la console
console

l'avanzamento
veloce
fast forward

la pausa
pause

la registrazione
record

il volume
volume

il riavvolgimento
rewind

lo stop
stop

il comando
controller

il play
play

il videogioco | video game

il telecomando
remote control

---

vocabolario • vocabulary

il compact disc compact disc	**il ungometraggio** feature film	**lo streaming** streaming	**digitale** digital	**stereo** stereo
l'audiocassetta cassette tape	**la pubblicità** advertisement	**la televisione via cavo** cable television	**guardare la televisione** watch television (v)	**sintonizzare la radio** tune the radio (v)
il mangianastri cassette player	**il canale a pagamento** pay per view channel	**il programma** programme	**accendere la televisione** turn the television on (v)	**spegnere la televisione** turn the television off (v)
alta definizione (HD) high-definition	**Wifi** Wifi	**cambiare canale** change channel (v)		

---

la fotografia • photography

il pulsante di scatto
shutter release

il regolatore di esposizione
aperture dial

il filtro
filter

il copriobiettivo
lens cap

l'obiettivo
lens

la macchina fotografica **SLR** | SLR camera

il flash	l'esposimetro	lo zoom	il treppiede
flash gun	lightmeter	zoom lens	tripod

i tipi di macchina fotografica • types of camera

il flash
flash

la macchina fotografica Polaroid	la macchina fotografica APS	il telefono con macchina fotografica	la macchina fotografica usa e getta
Polaroid camera	APS camera	cameraphone	disposable camera

fotografare • photograph (v)

il rullino
film spool

la pellicola
film

mettere a fuoco
focus (v)

sviluppare
develop (v)

il negativo
negative

orizzontale
landscape

verticale
portrait

la fotografia | photograph

l'album fotografico
photo album

la cornice
photo frame

i difetti • problems

sottoesposto
underexposed

sovraesposto
overexposed

sfocato
out of focus

l'occhio rosso
red eye

vocabolario • vocabulary

il mirino viewfinder	opaco mat
la custodia camera case	lucido gloss
l'esposizione exposure	l'ingrandimento enlargement
la camera oscura darkroom	la fotografia (sviluppata) print

Vorrei far sviluppare questo rullino.
I'd like this film processed.

i giochi • games

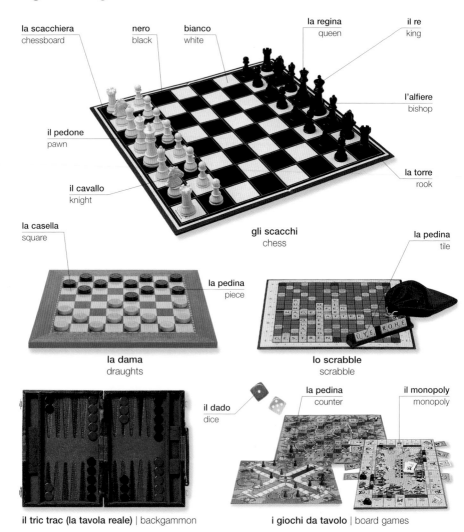

la scacchiera
chessboard

nero
black

bianco
white

la regina
queen

il re
king

l'alfiere
bishop

il pedone
pawn

la torre
rook

il cavallo
knight

la casella
square

gli scacchi
chess

la pedina
tile

la pedina
piece

la dama
draughts

lo scrabble
scrabble

il dado
dice

la pedina
counter

il monopoly
monopoly

il tric trac (la tavola reale) | backgammon

i giochi da tavolo | board games

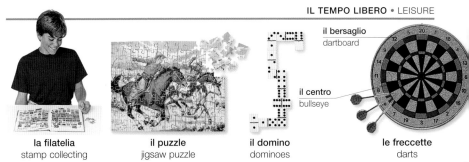

la filatelia
stamp collecting

il puzzle
jigsaw puzzle

il domino
dominoes

il bersaglio
dartboard

il centro
bullseye

le freccette
darts

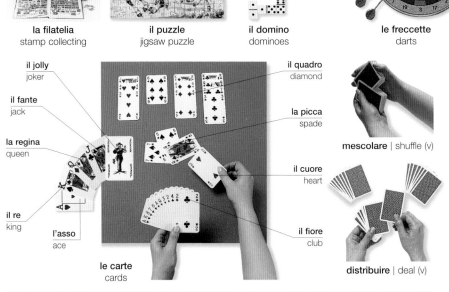

il jolly
joker

il fante
jack

la regina
queen

il re
king

l'asso
ace

le carte
cards

il quadro
diamond

la picca
spade

il cuore
heart

il fiore
club

mescolare | shuffle (v)

distribuire | deal (v)

---

vocabolario • vocabulary

la mossa move	**vincere** win (v)	**il perdente** loser	**il punto** point	**il bridge** bridge	**A chi tocca?** Whose turn is it?
giocare play (v)	**il vincitore** winner	**il gioco** game	**il punteggio** score	**il colore** suit	**Tocca a te.** It's your move.
il giocatore player	**perdere** lose (v)	**la scommessa** bet	**il poker** poker	**il mazzo di carte** pack of cards	**Tira i dadi.** Roll the dice.

arte e artigianato 1 • arts and crafts 1

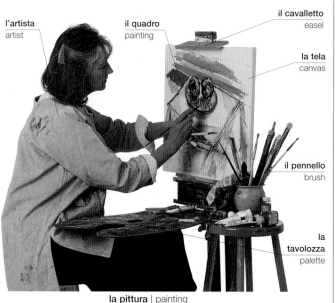

l'artista
artist

il quadro
painting

il cavalletto
easel

la tela
canvas

il pennello
brush

la
tavolozza
palette

la pittura | painting

la vernice •
paints

i colori ad olio
oil paints

gli acquarelli
watercolour paint

i pastelli
pastels

i colori acrilici
acrylic paint

la tempera
poster paint

i colori • colours

rosso
red

blu
blue

giallo
yellow

verde
green

arancione
orange

viola
purple

bianco
white

nero
black

grigio
grey

rosa
pink

marrone
brown

indaco
indigo

altri lavori artigianali • other crafts

il blocco per schizzi
sketch pad

lo schizzo
sketch

l'inchiostro
ink

la matita
pencil

il carboncino
charcoal

il disegno | drawing

la stampa
printing

l'incisione
engraving

la pietra
stone

lo scalpello
chisel

il martello
mallet

il legno
wood

l'attrezzo per
modellare
modelling tool

il tornio da
vasaio
potter's wheel

la scultura
sculpting

la falegnameria
woodworking

la colla
glue

il cartone
cardboard

l'argilla
clay

il collage | collage

la ceramica
pottery

l'oreficeria
jewellery making

la cartapesta
papier-mâché

l'origami
origami

il modellismo
model making

arte e artigianato 2 • arts and crafts 2

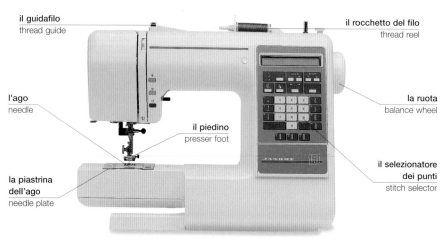

il guidafilo
thread guide

il rocchetto del filo
thread reel

l'ago
needle

la ruota
balance wheel

il piedino
presser foot

la piastrina
dell'ago
needle plate

il selezionatore
dei punti
stitch selector

la macchina da cucire | sewing machine

il puntaspilli
pincushion

le forbici
scissors

il modello
pattern

il metro
tape measure

la stoffa
material

lo spillo
pin

la cesta del cucito | sewing basket

il filo
thread

l'occhiello
eye

la bobina
bobbin

il gancio
hook

il ditale
thimble

il gesso
tailor's chalk

il manichino
tailor's dummy

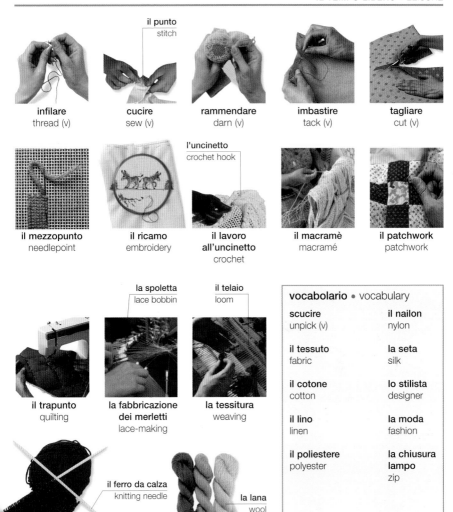

il punto | stitch

infilare
thread (v)

cucire
sew (v)

rammendare
darn (v)

imbastire
tack (v)

tagliare
cut (v)

il mezzopunto
needlepoint

il ricamo
embroidery

l'uncinetto
crochet hook

**il lavoro
all'uncinetto**
crochet

il macramè
macramé

il patchwork
patchwork

la spoletta
lace bobbin

il telaio
loom

il trapunto
quilting

**la fabbricazione
dei merletti**
lace-making

la tessitura
weaving

il ferro da calza
knitting needle

la lana
wool

il lavoro a maglia | knitting

la matassa | skein

---

vocabolario • vocabulary

scucire
unpick (v)

il nailon
nylon

il tessuto
fabric

la seta
silk

il cotone
cotton

lo stilista
designer

il lino
linen

la moda
fashion

il poliestere
polyester

**la chiusura
lampo**
zip

l'ambiente
environment

lo spazio • space

Mercurio Mercury
la Terra Earth
Marte Mars
Giove Jupiter
Uranio Uranus
Nettuno Neptune
Plutone Pluto
Venere Venus
il sole Sun
la luna Moon
Saturno Saturn

il sistema solare | solar system

la coda tail
la stella star

la galassia galaxy

la nebulosa nebula

l'asteroide asteroid

la cometa comet

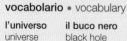

vocabolario • vocabulary

l'universo universe	**il buco nero** black hole	**la luna piena** full moon
l'orbita orbit	**il pianeta** planet	**la luna nuova** new moon
la gravità gravity	**la meteora** meteor	**la mezzaluna** crescent moon

l'eclisse | eclipse

l'esplorazione dello spazio
• space exploration

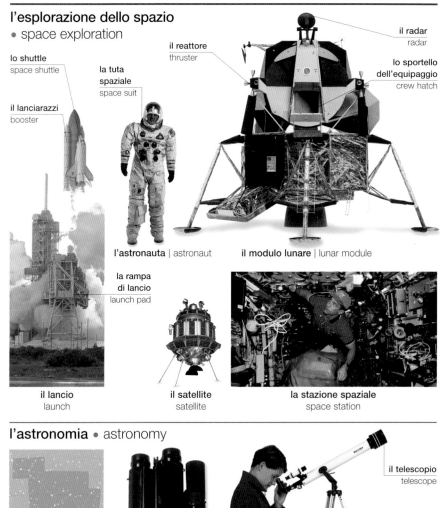

il radar
radar

lo shuttle
space shuttle

il reattore
thruster

la tuta spaziale
space suit

lo sportello dell'equipaggio
crew hatch

il lanciarazzi
booster

l'astronauta | astronaut

il modulo lunare | lunar module

la rampa di lancio
launch pad

il lancio
launch

il satellite
satellite

la stazione spaziale
space station

l'astronomia • astronomy

il telescopio
telescope

il treppiede
tripod

la costellazione
constellation

il binocolo
binoculars

la Terra • Earth

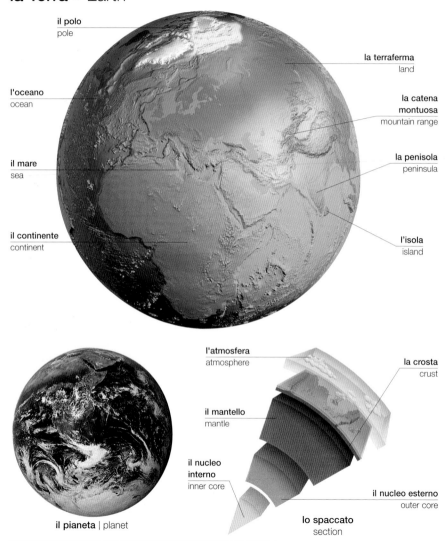

il polo
pole

la terraferma
land

l'oceano
ocean

la catena
montuosa
mountain range

il mare
sea

la penisola
peninsula

il continente
continent

l'isola
island

l'atmosfera
atmosphere

la crosta
crust

il mantello
mantle

il nucleo
interno
inner core

il nucleo esterno
outer core

il pianeta | planet

lo spaccato
section

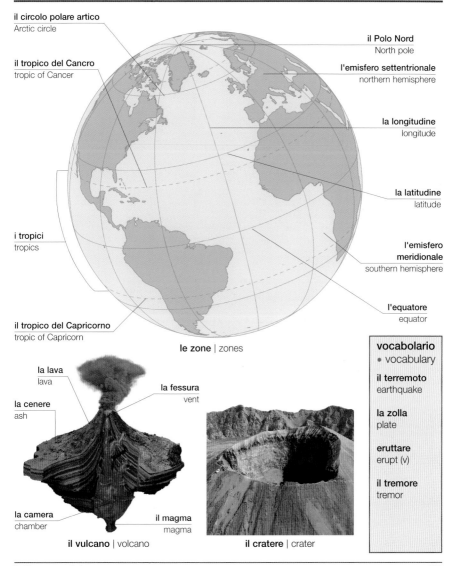

il circolo polare artico
Arctic circle

il tropico del Cancro
tropic of Cancer

i tropici
tropics

il tropico del Capricorno
tropic of Capricorn

il Polo Nord
North pole

l'emisfero settentrionale
northern hemisphere

la longitudine
longitude

la latitudine
latitude

l'emisfero
meridionale
southern hemisphere

l'equatore
equator

le zone | zones

la lava
lava

la cenere
ash

la fessura
vent

la camera
chamber

il magma
magma

il vulcano | volcano

il cratere | crater

vocabolario
• vocabulary

il terremoto
earthquake

la zolla
plate

eruttare
erupt (v)

il tremore
tremor

il paesaggio • landscape

la montagna
mountain

la pendice
slope

la riva
bank

il fiume
river

le rapide
rapids

le rocce
rocks

il ghiacciaio
glacier

la valle | valley

la collina
hill

l'altipiano
plateau

la gola
gorge

la caverna
cave

la pianura | plain

il deserto | desert

la foresta | forest

il bosco | wood

la foresta pluviale
rainforest

la palude
swamp

il pascolo
meadow

la prateria
grassland

la cascata
waterfall

il torrente
stream

il lago
lake

il geyser
geyser

la costa
coast

la scogliera
cliff

la barriera corallina
coral reef

l'estuario
estuary

il tempo • weather

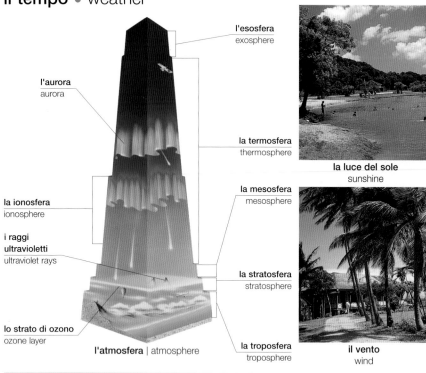

l'esosfera
exosphere

l'aurora
aurora

la termosfera
thermosphere

la mesosfera
mesosphere

la ionosfera
ionosphere

i raggi
ultravioletti
ultraviolet rays

la stratosfera
stratosphere

lo strato di ozono
ozone layer

l'atmosfera | atmosphere

la troposfera
troposphere

la luce del sole
sunshine

il vento
wind

---

vocabolario • vocabulary

il nevischio sleet	**il rovescio** shower	**caldo** hot	**secco** dry	**ventoso** windy	**Ho caldo/freddo.** I'm hot/cold.
la grandine hail	**soleggiato** sunny	**freddo** cold	**piovoso** wet	**la bufera** gale	**Sta piovendo.** It's raining.
il tuono thunder	**nuvoloso** cloudy	**tiepido** warm	**umido** humid	**la temperatura** temperature	**Fa ... gradi.** It's ... degrees.

la nuvola
cloud

la pioggia
rain

il fulmine
lightning

la tempesta
storm

la foschia
mist

la nebbia
fog

l'arcobaleno
rainbow

il ghiacciolo
icicle

la neve
snow

il gelo
frost

il ghiaccio
ice

la gelata
freeze

l'uragano
hurricane

il tornado
tornado

il monsone
monsoon

l'inondazione
flood

le rocce • rocks

igneo • igneous

il granito
granite

l'ossidiana
obsidian

il basalto
basalt

la pomice
pumice

sedimentario • sedimentary

l'arenaria
sandstone

il calcare
limestone

il gesso
chalk

la selce
flint

il conglomerato
conglomerate

il carbone
coal

metamorfico • metamorphic

l'ardesia
slate

lo scisto
schist

lo gneiss
gneiss

il marmo
marble

le gemme • gems

il rubino ruby

l'ametista amethyst

il giaietto jet

l'opale opal

la lunaria moonstone

il granato garnet

il diamante diamond

il topazio topaz

l'acquamarina aquamarine

la giada jade

lo smeraldo emerald

lo zaffiro sapphire

la tormalina tourmaline

i minerali • minerals

il quarzo
quartz

la mica
mica

lo zolfo
sulphur

l'ematite
hematite

la calcite
calcite

la malachite
malachite

il turchese
turquoise

l'onice
onyx

l'agata
agate

la grafite
graphite

i metalli • metals

l'oro
gold

l'argento
silver

il platino
platinum

il nichel
nickel

il ferro
iron

il rame
copper

lo stagno
tin

l'alluminio
aluminium

il mercurio
mercury

lo zinco
zinc

gli animali 1 • animals 1
i mammiferi • mammals

il coniglio
rabbit

il criceto
hamster

i baffi
whiskers

il topo
mouse

la coda
tail

il ratto
rat

il riccio
hedgehog

lo scoiattolo
squirrel

il pipistrello
bat

il procione
raccoon

la volpe
fox

il lupo
wolf

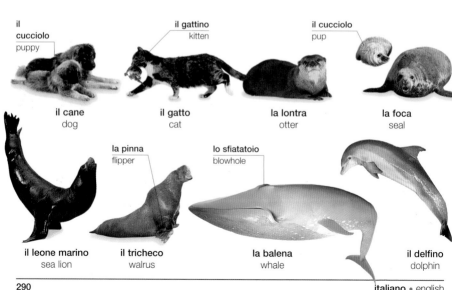

il
cucciolo
puppy

il gattino
kitten

il cucciolo
pup

il cane
dog

il gatto
cat

la lontra
otter

la foca
seal

la pinna
flipper

lo sfiatatoio
blowhole

il leone marino
sea lion

il tricheco
walrus

la balena
whale

il delfino
dolphin

le corna
antler

la criniera
mane

la gobba
hump

lo zoccolo
hoof

il cervo
deer

la zebra
zebra

la giraffa
giraffe

il cammello
camel

la proboscide
trunk

la zanna
tusk

il corno
horn

l'ippopotamo
hippopotamus

l'elefante
elephant

il rinoceronte
rhinoceros

la tigre
tiger

la criniera
mane

il leone
lion

la scimmia
monkey

il gorilla
gorilla

il koala
koala

il marsupio
pouch

il panda
panda

l'artiglio
claw

il canguro
kangaroo

l'orso
bear

l'orso polare
polar bear

gli animali 2 • animals 2
gli uccelli • birds

la coda
tail

il canarino
canary

il passero
sparrow

il colibrì
hummingbird

la rondine
swallow

la cornacchia
crow

il piccione
pigeon

il picchio
woodpecker

il falco
falcon

il gufo
owl

il gabbiano
gull

l'aquila
eagle

il pellicano
pelican

il fenicottero
flamingo

la cicogna
stork

la gru
crane

il pinguino
penguin

lo struzzo
ostrich

italiano • english

l'oca | goose

il cigno
swan

il pavone
peacock

il fagiano
pheasant

il tacchino
turkey

il cacatoa
cockatoo

il becco
bill

la piuma
feather

l'ala
wing

l'artiglio
claw

il pappagallo
parrot

i rettili • reptiles

le scaglie
scales

l'alligatore
alligator

la lucertola
lizard

l'iguana
iguana

il guscio
shell

la testuggine
turtle

la tartaruga
tortoise

il serpente
snake

il muso
snout

il coccodrillo
crocodile

gli animali 3 • animals 3
gli anfibi • amphibians

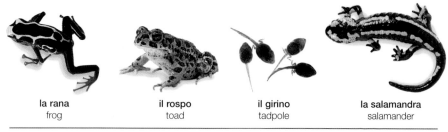

la rana
frog

il rospo
toad

il girino
tadpole

la salamandra
salamander

i pesci • fish

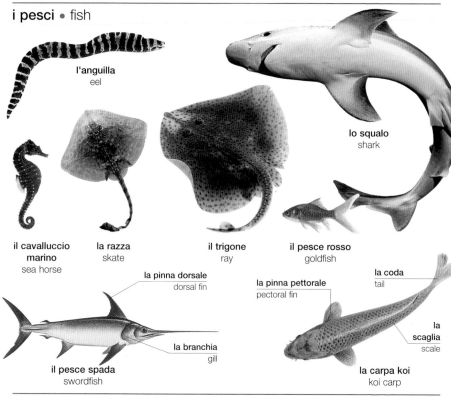

l'anguilla
eel

lo squalo
shark

il cavalluccio marino
sea horse

la razza
skate

il trigone
ray

il pesce rosso
goldfish

la pinna dorsale
dorsal fin

la coda
tail

la pinna pettorale
pectoral fin

la branchia
gill

la scaglia
scale

il pesce spada
swordfish

la carpa koi
koi carp

gli invertebrati • invertebrates

la formica
ant

la termite
termite

l'ape
bee

la vespa
wasp

lo scarafaggio
beetle

la blatta
cockroach

la falena
moth

l'antenna
antenna

la farfalla
butterfly

il bozzolo
cocoon

il bruco
caterpillar

il grillo
cricket

la cavalletta
grasshopper

la mantide religiosa
praying mantis

il pungiglione
sting

lo scorpione
scorpion

il millepiedi
centipede

la libellula
dragonfly

la mosca
fly

la zanzara
mosquito

la coccinella
ladybird

il ragno
spider

la lumaca
slug

la chiocciola
snail

il verme
worm

la stella di mare
starfish

la cozza
mussel

il granchio
crab

l'aragosta
lobster

la piovra
octopus

il calamaro
squid

la medusa
jellyfish

le piante • plants

l'albero • tree

il ramo
branch

la foglia
leaf

il ramoscello
twig

la corteccia
bark

il salice
willow

la radice
root

il tronco
trunk

la quercia
oak

il pioppo
poplar

l'eucalipto
eucalyptus

il larice
larch

il faggio
beech

la betulla
birch

il pino
pine

il cedro
cedar

l'acero
maple

l'olmo
elm

il tiglio
lime

la bacca
berry

l'agrifoglio
holly

la palma
palm

la pianta da fiori • flowering plant

il fiore
flower

lo stame
stamen

il petalo
petal

il calice
calyx

lo stelo
stalk

il gambo
stem

il bocciolo
bud

il ranuncolo
buttercup

la margherita
daisy

il cardo
thistle

il dente di leone
dandelion

l'erica
heather

il papavero
poppy

la digitale
foxglove

il caprifoglio
honeysuckle

il girasole
sunflower

il trifoglio
clover

i giacinti di bosco
bluebells

la primula
primrose

i lupini
lupins

l'ortica
nettle

la città • town

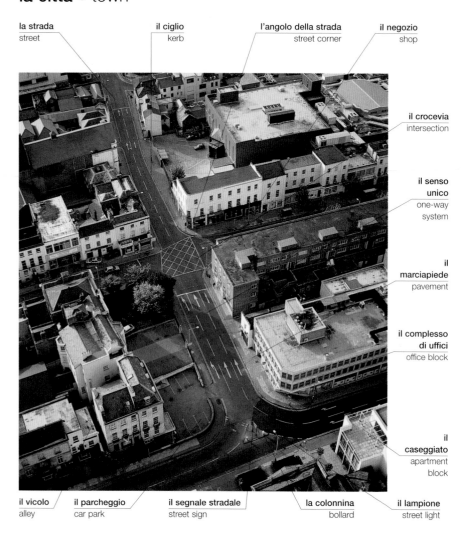

la strada
street

il ciglio
kerb

l'angolo della strada
street corner

il negozio
shop

il crocevia
intersection

il senso
unico
one-way
system

il
marciapiede
pavement

il complesso
di uffici
office block

il
caseggiato
apartment
block

il vicolo
alley

il parcheggio
car park

il segnale stradale
street sign

la colonnina
bollard

il lampione
street light

gli edifici • buildings

il municipio
town hall

la biblioteca
library

il cinema
cinema

il teatro
theatre

l'università
university

le zone • areas

la zona industriale
industrial estate

la città
city

il grattacielo
skyscraper

la periferia
suburb

il villaggio
village

la scuola
school

vocabolario • vocabulary

la zona pedonale pedestrian zone	**la via laterale** side street	**il tombino** manhole	**la cunetta** gutter	**la chiesa** church
il viale avenue	**la piazza** square	**la fermata dell'autobus** bus stop	**la fabbrica** factory	**il canale di scolo** drain

l'archittettura • architecture

edifici e strutture • buildings and structures

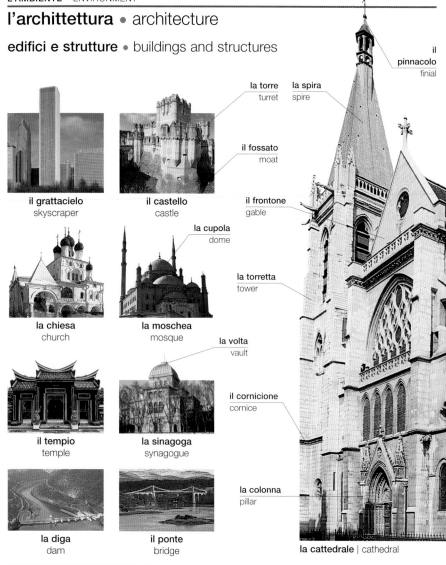

il grattacielo
skyscraper

il castello
castle

la torre
turret

il fossato
moat

la chiesa
church

la moschea
mosque

la cupola
dome

il tempio
temple

la sinagoga
synagogue

la volta
vault

la diga
dam

il ponte
bridge

il
pinnacolo
finial

la spira
spire

il frontone
gable

la torretta
tower

il cornicione
cornice

la colonna
pillar

la cattedrale | cathedral

gli stili • styles

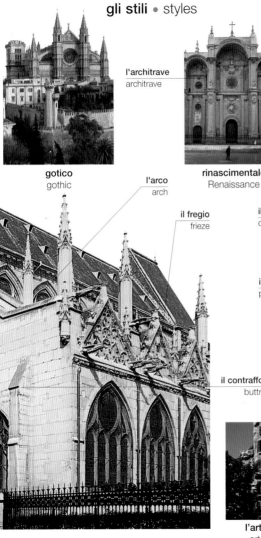

l'architrave
architrave

barocco
baroque

gotico
gothic

rinascimentale
Renaissance

l'arco
arch

il fregio
frieze

il coro
choir

rococò
rococo

il frontone
pediment

il contrafforte
buttress

neoclassico
neoclassical

l'art nouveau
art nouveau

art déco
art deco

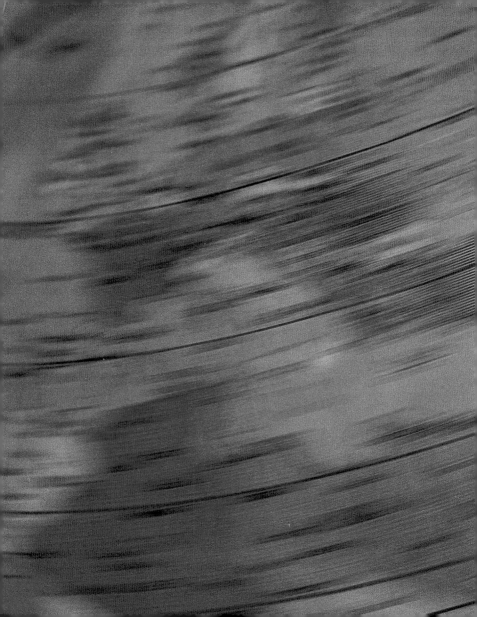

i dati
reference

l'ora • time

la lancetta dei minuti
minute hand

la lancetta delle ore
hour hand

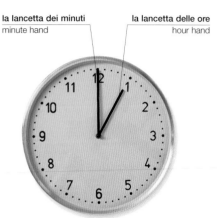

l'orologio
clock

vocabolario • vocabulary

il secondo second	**adesso** now	**un quarto d'ora** a quarter of an hour
il minuto minute	**più tardi** later	**venti minuti** twenty minutes
l'ora hour	**una mezzora** half an hour	**quaranta minuti** forty minutes

Che ore sono?
What time is it?

Sono le tre.
It's three o'clock.

l'una e cinque
five past one

l'una e dieci
ten past one

l'una e un quarto
quarter past one

l'una e venti
twenty past one

la lancetta
dei secondi
second hand

l'una e venticinque
twenty five past one

l'una e trenta
one thirty

le due meno
venticinque
twenty five to two

le due meno venti
twenty to two

le due meno un quarto
quarter to two

le due meno dieci
ten to two

le due meno cinque
five to two

le due
two o'clock

la notte e il giorno • night and day

la mezzanotte
midnight

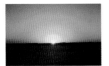
il sorgere del sole
sunrise

l'alba
dawn

il mattino
morning

il tramonto
sunset

il mezzogiorno
midday

l'imbrunire
dusk

la sera
evening

il pomeriggio
afternoon

vocabolario • vocabulary

presto early	**Sei in anticipo.** You're early.	**Per favore, vieni in orario.** Please be on time.	**A che ora finisce?** What time does it finish?
in orario on time	**Sei in ritardo.** You're late.	**A più tardi.** I'll see you later.	**Quanto durerà?** How long will it last?
tardi late	**Arrivo subito.** I'll be there soon.	**A che ora inizia?** What time does it start?	**Si sta facendo tardi.** It's getting late.

il calendario • calendar

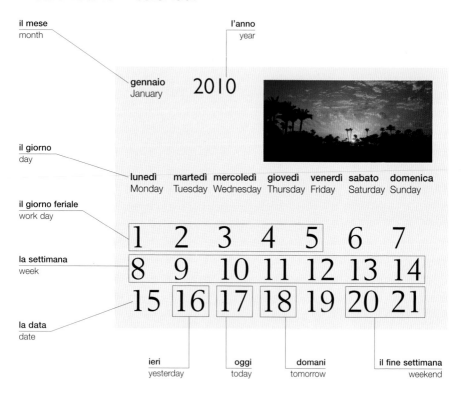

il mese
month

l'anno
year

gennaio
January

2010

il giorno
day

lunedì	**martedì**	**mercoledì**	**giovedì**	**venerdì**	**sabato**	**domenica**
Monday	Tuesday	Wednesday	Thursday	Friday	Saturday	Sunday

il giorno feriale
work day

la settimana
week

la data
date

1	2	3	4	5	6	7
8	9	10	11	12	13	14
15	16	17	18	19	20	21

ieri
yesterday

oggi
today

domani
tomorrow

il fine settimana
weekend

---

vocabolario • vocabulary

gennaio	**marzo**	**maggio**	**luglio**	**settembre**	**novembre**
January	March	May	July	September	November
febbraio	**aprile**	**giugno**	**agosto**	**ottobre**	**dicembre**
February	April	June	August	October	December

gli anni • years

1900   **millenovecento** • nineteen hundred

1901   **millenovecentouno** • nineteen hundred and one

1910   **millenovecentodieci** • nineteen ten

2000   **duemila** • two thousand

2001   **duemilauno** • two thousand and one

le stagioni • seasons

| **la primavera**
spring | **l'estate**
summer | **l'autunno**
autumn | **l'inverno**
winter |

---

vocabolario • vocabulary

il secolo
century

la decade
decade

il millennio
millennium

quindici giorni
fortnight

questa settimana
this week

la settimana scorsa
last week

la settimana prossima
next week

l'altroieri
the day before yesterday

il dopodomani
the day after tomorrow

settimanale
weekly

mensile
monthly

annuo
annual

Oggi che giorno è?
What's the date today?

È il sette febbraio, duemiladue.
It's February seventh, two thousand and two.

i numeri • numbers

0	zero • zero		20	venti • twenty
1	uno • one		21	ventuno • twenty-one
2	due • two		22	ventidue • twenty-two
3	tre • three		30	trenta • thirty
4	quattro • four		40	quaranta • forty
5	cinque • five		50	cinquanta • fifty
6	sei • six		60	sessanta • sixty
7	sette • seven		70	settanta • seventy
8	otto • eight		80	ottanta • eighty
9	nove • nine		90	novanta • ninety
10	dieci • ten		100	cento • one hundred
11	undici • eleven		110	centodieci • one hundred and ten
12	dodici • twelve		200	duecento • two hundred
13	tredici • thirteen		300	trecento • three hundred
14	quattordici • fourteen		400	quattrocento • four hundred
15	quindici • fifteen		500	cinquecento • five hundred
16	sedici • sixteen		600	seicento • six hundred
17	diciassette • seventeen		700	settecento • seven hundred
18	diciotto • eighteen		800	ottocento • eight hundred
19	diciannove • nineteen		900	novecento • nine hundred

1,000   **mille** • one thousand

10,000   **diecimila** • ten thousand

20,000   **ventimila** • twenty thousand

50,000   **cinquantamila** • fifty thousand

55,500   **cinquantacinquemilacinquecento** • fifty-five thousand five hundred

100,000   **centomila** • one hundred thousand

1,000,000   **un milione** • one million

1,000,000,000   **un miliardo** • one billion

primo   **secondo**   **terzo**
first   second   third

sedicesimo
• sixteenth

diciassettesimo
• seventeenth

diciottesimo
• eighteenth

diciannovesimo
• nineteenth

ventesimo
• twentieth

ventunesimo
• twenty-first

ventiduesimo
• twenty-second

ventitreesimo
• twenty-third

trentesimo
• thirtieth

quarantesimo
• fortieth

cinquantesimo
• fiftieth

sessantesimo
• sixtieth

settantesimo
• seventieth

ottantesimo
• eightieth

novantesimo
• ninetieth

centesimo
• hundredth

quarto • fourth   **decimo** • tenth

quinto • fifth   **undicesimo** • eleventh

sesto • sixth   **dodicesimo** • twelfth

settimo • seventh   **tredicesimo** • thirteenth

ottavo • eighth   **quattordicesimo** • fourteenth

nono • ninth   **quindicesimo** • fifteenth

---

italiano • english

i pesi e le misure • weights and measures

la superficie • area

il piede quadro
square foot

il metro quadro
square metre

la distanza • distance

il chilometro
kilometre

il miglio
mile

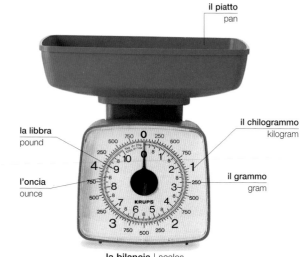

il piatto
pan

la libbra
pound

l'oncia
ounce

il chilogrammo
kilogram

il grammo
gram

la bilancia | scales

vocabolario • vocabulary

la iarda yard	**la tonnellata** tonne	**misurare** measure (v)
il metro metre	**il milligrammo** milligram	**pesare** weigh (v)

la lunghezza • length

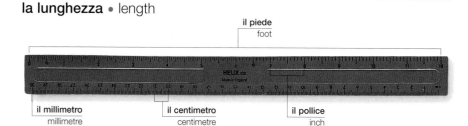

il piede
foot

il millimetro
millimetre

il centimetro
centimetre

il pollice
inch

la capacità • capacity

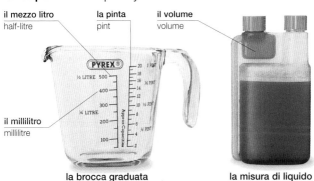

il mezzo litro
half-litre

la pinta
pint

il volume
volume

il millilitro
millilitre

la brocca graduata
measuring jug

la misura di liquido
liquid measure

vocabolario •
vocabulary

il gallone
gallon

il quarto di gallone
quart

il litro
litre

il contenitore • container

il cartone
carton

il pacchetto
packet

la bottiglia
bottle

il sacchetto
bag

la vaschetta | tub

il barattolo | jar

la lattina
can

la scatoletta | tin

il nebulizzatore
liquid dispenser

la saponetta
bar

il tubetto
tube

il rotolo
roll

il pacchetto
pack

la bomboletta spray
spray can

il mappamondo • world map

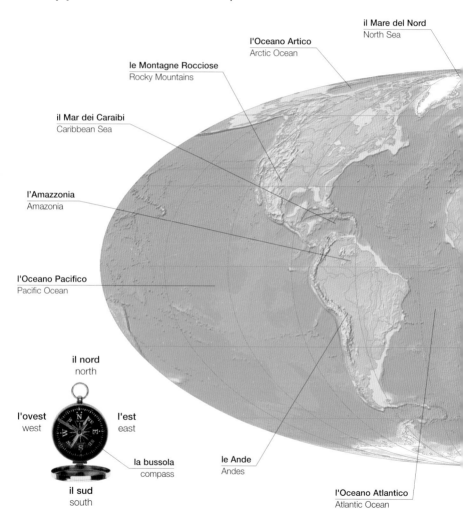

il Mare del Nord
North Sea

l'Oceano Artico
Arctic Ocean

le Montagne Rocciose
Rocky Mountains

il Mar dei Caraibi
Caribbean Sea

l'Amazzonia
Amazonia

l'Oceano Pacifico
Pacific Ocean

il nord
north

l'ovest
west

l'est
east

la bussola
compass

il sud
south

le Ande
Andes

l'Oceano Atlantico
Atlantic Ocean

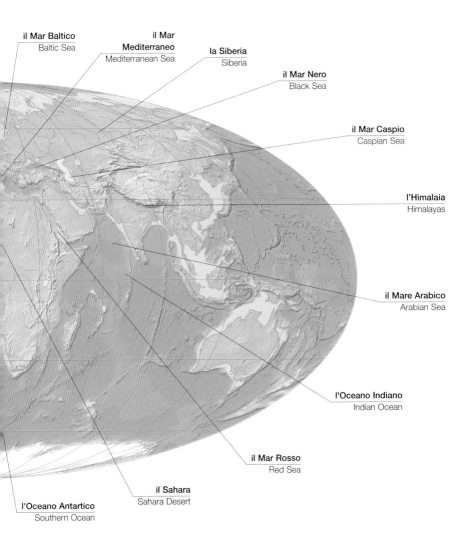

il Mar Baltico
Baltic Sea

il Mar Mediterraneo
Mediterranean Sea

la Siberia
Siberia

il Mar Nero
Black Sea

il Mar Caspio
Caspian Sea

l'Himalaia
Himalayas

il Mare Arabico
Arabian Sea

l'Oceano Indiano
Indian Ocean

il Mar Rosso
Red Sea

il Sahara
Sahara Desert

l'Oceano Antartico
Southern Ocean

l'America del Nord e Centrale • North and Central America

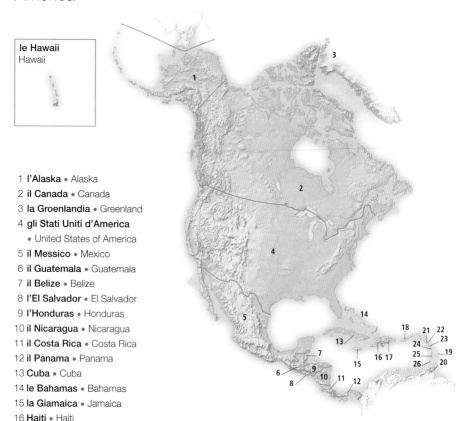

le Hawaii
Hawaii

1 **l'Alaska** • Alaska
2 **il Canada** • Canada
3 **la Groenlandia** • Greenland
4 **gli Stati Uniti d'America**
  • United States of America
5 **il Messico** • Mexico
6 **il Guatemala** • Guatemala
7 **il Belize** • Belize
8 **l'El Salvador** • El Salvador
9 **l'Honduras** • Honduras
10 **il Nicaragua** • Nicaragua
11 **il Costa Rica** • Costa Rica
12 **il Panama** • Panama
13 **Cuba** • Cuba
14 **le Bahamas** • Bahamas
15 **la Giamaica** • Jamaica
16 **Haiti** • Haiti
17 **la Repubblica Dominicana**
  • Dominican Republic
18 **Puerto Rico** • Puerto Rico
19 **Barbados** • Barbados
20 **Trinidad e Tobago** • Trinidad and Tobago
21 **Saint Kitts-Nevis** • St. Kitts and Nevis

22 **Antigua e Barbuda** • Antigua and Barbuda
23 **Dominica** • Dominica
24 **Saint Lucia** • St Lucia
25 **Saint Vincent e Grenadine**
  • St Vincent and The Grenadines
26 **Grenada** • Grenada

l'America del Sud • South America

1 il **Venezuela** • Venezuela

2 la **Colombia** • Colombia

3 l'**Ecuador** • Ecuador

4 il **Perù** • Peru

5 le **Isole Galapagos**
   • Galapagos Islands

6 la **Guyana** • Guyana

7 il **Suriname** • Suriname

8 la **Guyana Francese**
   • French Guiana

9 il **Brasile** • Brazil

10 la **Bolivia** • Bolivia

11 il **Cile** • Chile

12 l'**Argentina** • Argentina

13 il **Paraguay** • Paraguay

14 l'**Uruguay** • Uruguay

15 le **Isole Falkland** • Falkland Islands

vocabolario • vocabulary		
il **paese** country	la **provincia** province	il **distretto** district
la **nazione** nation	il **territorio** territory	la **zona** zone
lo **stato** state	il **principato** principality	la **regione** region
il **continente** continent	la **colonia** colony	la **capitale** capital

l'Europa • Europe

1 l'**Irlanda** • Ireland
2 il **Regno Unito**
 • United Kingdom
3 il **Portogallo** • Portugal
4 la **Spagna** • Spain
5 le **Isole Baleari**
 • Balearic Islands
6 **Andorra** • Andorra
7 la **Francia** • France
8 il **Belgio** • Belgium
9 i **Paesi Bassi** • Netherlands
10 il **Lussemburgo**
 • Luxembourg
11 la **Germania** • Germany
12 la **Danimarca** • Denmark
13 la **Norvegia** • Norway
14 la **Svezia** • Sweden
15 la **Finlandia** • Finland
16 l'**Estonia** • Estonia
17 la **Lettonia** • Latvia
18 la **Lituania** • Lithuania
19 **Kaliningrad** • Kaliningrad
20 la **Polonia** • Poland
21 la **Repubblica Ceca**
 • Czech Republic
22 l'**Austria** • Austria
23 il **Liechtenstein**
 • Liechtenstein
24 la **Svizzera**
 • Switzerland
25 l'**Italia** • Italy
26 **Monaco**
 • Monaco
27 la **Corsica**
 • Corsica
28 la **Sardegna**
 • Sardinia
29 **San Marino** • San Marino

30 la **Città del Vaticano**
 • Vatican City
31 la **Sicilia** • Sicily
32 **Malta** • Malta
33 la **Slovenia** • Slovenia
34 la **Croazia** • Croatia
35 l'**Ungheria** • Hungary
36 la **Slovacchia** • Slovakia
37 l'**Ucraina** • Ukraine
38 la **Bielorussia** • Belarus
39 la **Moldavia** • Moldova

40 la **Romania** • Romania
41 la **Serbia** • Serbia
42 la **Bosnia ed Erzegovina**
 • Bosnia and Herzogovina
43 l'**Albania** • Albania
44 la **Macedonia** • Macedonia
45 la **Bulgaria** • Bulgaria
46 la **Grecia** • Greece
47 il **Kosovo** • Kosovo
48 **Montenegro** • Montenegro
49 l'**Islanda** • Iceland

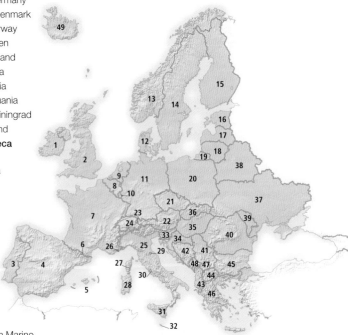

l'Africa • Africa

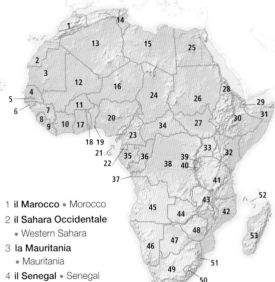

1 il **Marocco** • Morocco
2 il **Sahara Occidentale**
• Western Sahara
3 la **Mauritania**
• Mauritania
4 il **Senegal** • Senegal
5 il **Gambia** • Gambia
6 la **Guinea-Bissau**
• Guinea-Bissau
7 la **Guinea** • Guinea
8 **Sierra Leone**
• Sierra Leone
9 la **Liberia** • Liberia
10 la **Costa d'Avorio**
• Ivory Coast
11 il **Burkina Faso**
• Burkina Faso
12 il **Mali** • Mali
13 l'**Algeria** • Algeria
14 la **Tunisia** • Tunisia
15 la **Libia** • Libya
16 il **Niger** • Niger
17 il **Ghana** • Ghana

18 il **Togo** • Togo
19 il **Benin** • Benin
20 la **Nigeria** • Nigeria
21 **São Tomé e Príncipe**
• São Tomé and Principe
22 la **Guinea Equatoriale**
• Equatorial Guinea
23 il **Camerun** • Cameroon
24 il **Ciad** • Chad
25 l'**Egitto** • Egypt
26 il **Sudan** • Sudan
27 il **Sudan del Sud**
• South Sudan
28 l'**Eritrea** • Eritrea
29 **Gibuti** • Djibouti

30 l'**Etiopia** • Ethiopia
31 la **Somalia** • Somalia
32 il **Kenya** • Kenya
33 l'**Uganda** • Uganda
34 la **Repubblica Centrafricana**
• Central African Republic
35 il **Gabon** • Gabon
36 il **Congo** • Congo
37 **Cabinda (Angola)**
• Cabinda (Angola)
38 la **Repubblica Democratica del Congo** • Democratic Republic of the Congo
39 il **Ruanda** • Rwanda
40 il **Burundi** • Burundi
41 la **Tanzania** • Tanzania
42 il **Mozambico** • Mozambique
43 il **Malawi** • Malawi
44 lo **Zambia** • Zambia
45 l'**Angola** • Angola
46 la **Namibia** • Namibia
47 il **Botswana** • Botswana
48 lo **Zimbabwe** • Zimbabwe
49 il **Sud Africa** • South Africa
50 il **Lesotho** • Lesotho
51 lo **Swaziland** • Swaziland
52 le **Comore** • Comoros
53 il **Madagascar** • Madagascar
54 **Mauritius** • Mauritius

l'Asia • Asia

1 **la Turchia** • Turkey

2 **Cipro** • Cyprus

3 **la Federazione Russa**
 • Russian Federation

4 **la Georgia** • Georgia

5 **l'Armenia** • Armenia

6 **l'Azerbaigian** • Azerbaijan

7 **l'Iran** • Iran

8 **l'Iraq** • Iraq

9 **la Siria** • Syria

10 **il Libano** • Lebanon

11 **l'Israele** • Israel

12 **la Giordania** • Jordan

13 **l'Arabia Saudita**
 • Saudi Arabia

14 **il Kuwait** • Kuwait

15 **il Bahrain** • Bahrain

16 **il Qatar** • Qatar

17 **gli Emirati Arabi Uniti**
 • United Arab Emirates

18 **l'Oman** • Oman

19 **lo Yemen** • Yemen

20 **il Kazakistan** • Kazakhstan

21 **l'Uzbekistan** • Uzbekistan

22 **il Turkmenistan** • Turkmenistan

23 **l'Afghanistan** • Afghanistan

24 **il Tagikistan** • Tajikistan

25 **il Kirghizistan** • Kyrgyzstan

26 **il Pakistan** • Pakistan

27 **l'India** • India

28 **le Maldive** • Maldives

29 **lo Sri Lanka** • Sri Lanka

30 **la Cina** • China

31 **la Mongolia** • Mongolia

32 **la Corea del Nord** • North Korea

33 **la Corea del Sud** • South Korea

34 **il Giappone** • Japan

35 **il Nepal** • Nepal

36 **il Bhutan** • Bhutan

37 **il Bangladesh** • Bangladesh

38 **la Birmania (il Myanmar)** •
 Burma (Myanmar)

39 **la Tailandia** • Thailand

40 **il Laos** • Laos

41 **il Vietnam** • Viet Nam

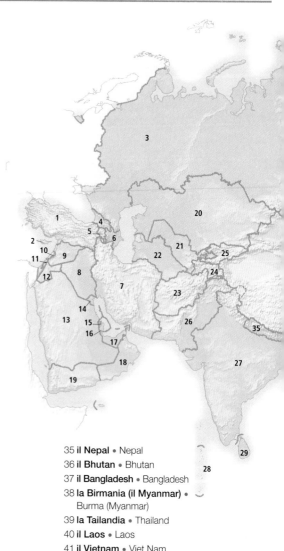

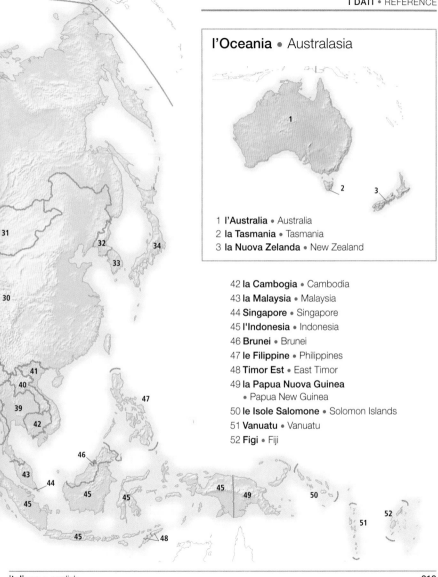

l'Oceania • Australasia

1 **l'Australia** • Australia
2 **la Tasmania** • Tasmania
3 **la Nuova Zelanda** • New Zealand

42 **la Cambogia** • Cambodia
43 **la Malaysia** • Malaysia
44 **Singapore** • Singapore
45 **l'Indonesia** • Indonesia
46 **Brunei** • Brunei
47 **le Filippine** • Philippines
48 **Timor Est** • East Timor
49 **la Papua Nuova Guinea**
   • Papua New Guinea
50 **le Isole Salomone** • Solomon Islands
51 **Vanuatu** • Vanuatu
52 **Figi** • Fiji

particelle e antonimi • particles and antonyms

a to	**da** from	**per** for	**verso** towards
sopra over	**sotto** under	**lungo** along	**attraverso** across
davanti in front of	**dietro** behind	**con** with	**senza** without
sopra onto	**dentro** into	**prima** before	**dopo** after
dentro in	**fuori** out	**entro** by	**fino** until
sopra above	**sotto** below	**di buon'ora** early	**in ritardo** late
all'interno inside	**all'esterno** outside	**adesso** now	**più tardi** later
su up	**giù** down	**sempre** always	**mai** never
a at	**oltre** beyond	**sovente** often	**raramente** rarely
attraverso through	**attorno** around	**ieri** yesterday	**domani** tomorrow
in cima on top of	**accanto** beside	**primo** first	**ultimo** last
tra between	**di fronte** opposite	**tutti** every	**alcuni** some
vicino near	**lontano** far	**circa** about	**esattamente** exactly
qui here	**là** there	**un poco** a little	**molto** a lot

italiano • english

italiano	english	italiano	english
grande large	**piccolo** small	**caldo** hot	**freddo** cold
largo wide	**stretto** narrow	**aperto** open	**chiuso** closed
alto tall	**basso** short	**pieno** full	**vuoto** empty
alto high	**basso** low	**nuovo** new	**vecchio** old
spesso thick	**sottile** thin	**chiaro** light	**scuro** dark
leggero light	**pesante** heavy	**facile** easy	**difficile** difficult
duro hard	**morbido** soft	**libero** free	**occupato** occupied
bagnato wet	**asciutto** dry	**forte** strong	**debole** weak
buono good	**cattivo** bad	**grasso** fat	**magro** thin
veloce fast	**lento** slow	**giovane** young	**vecchio** old
giusto correct	**sbagliato** wrong	**migliore** better	**peggiore** worse
pulito clean	**sporco** dirty	**nero** black	**bianco** white
bellissimo beautiful	**brutto** ugly	**interessante** interesting	**noioso** boring
caro expensive	**a buon prezzo** cheap	**malato** sick	**bene** well
silenzioso quiet	**rumoroso** noisy	**l'inizio** beginning	**la fine** end

frasi utili • useful phrases

frasi essenziali
• essential phrases

Sì
Yes

No
No

Forse
Maybe

Per favore
Please

Grazie
Thank you

Prego
You're welcome

Mi scusi
Excuse me

Mi dispiace
I'm sorry

No
Don't

D'accordo
OK

Vabbene
That's fine

È giusto
That's correct

È sbagliato
That's wrong

saluti
• greetings

Buongiorno
Hello

Arrivederci
Goodbye

Buongiorno
Good morning

Buon pomeriggio
Good afternoon

Buona sera
Good evening

Buona notte
Good night

Come sta?
How are you?

Mi chiamo…
My name is…

Come si chiama?
What is your name?

Come si chiama lui/lei?
What is his/her name?

Le presento…
May I introduce…

Questo è…
This is…

Piacere di conoscerla
Pleased to meet you

A più tardi
See you later

insegne • signs

Ufficio informazioni turistiche
Tourist information

Entrata
Entrance

Uscita
Exit

Uscita di emergenza
Emergency exit

Spingere
Push

Pericolo
Danger

Vietato fumare
No smoking

Guasto
Out of order

Orario di apertura
Opening times

Ingresso libero
Free admission

Ridotto
Reduced

Saldi
Sale

Bussare prima di entrare
Knock before entering

Non calpestare l'erba
Keep off the grass

aiuto • help

Mi può aiutare?
Can you help me?

Non capisco
I don't understand

Non lo so
I don't know

Parla inglese, francese…?
Do you speak English, French…?

Parlo inglese, spagnolo…
I speak English, Spanish…

Parli più lentamente
Please speak more slowly

Me lo scriva, per favore
Please write it down for me

Ho perso…
I have lost…

indicazioni
• directions

Mi sono perso/a
I am lost

Dov'è il/la...?
Where is the...?

Dov'è il/la ... più vicino/a?
Where is the nearest...?

Dov'è il bagno?
Where are the toilets?

Come si arriva a...?
How do I get to...?

A destra
To the right

A sinistra
To the left

Sempre dritto
Straight ahead

Quant'è lontano...?
How far is...?

i cartelli stradali
• road signs

Pedaggio
Toll

Attenzione
Caution

Ingresso vietato
No entry

Rallentare
Slow down

Deviazione
Diversion

Giri a destra
Turn right

Autostrada
Motorway

Sosta vietata
No parking

Divieto di transito
No through road

Senso unico
One-way street

Escluso residenti
Residents only

Lavori in corso
Roadworks

Incrocio pericoloso
Dangerous junction

alloggio
• accommodation

Ho una prenotazione
I have a reservation

A che ora è la colazione?
What time is breakfast?

Dov'è la sala da pranzo?
Where is the dining room?

Il mio numero di stanza è ...
My room number is ...

Tornerò alle ...
I'll be back at ... o'clock

Parto domani
I'm leaving tomorrow

cibo e bevande
• eating and drinking

Salute!
Cheers!

È buonissimo/ disgustoso
It's delicious/awful

Non bevo/fumo
I don't drink/smoke

Non mangio la carne
I don't eat meat

Per me basta, grazie
No more for me, thank you

Posso prenderne ancora?
May I have some more?

Il conto, per favore.
May we have the bill?

Mi dà una ricevuta?
Can I have a receipt?

Area riservata ai fumatori
Smoking area

la salute
• health

Non mi sento bene
I don't feel well

Ho la nausea
I feel sick

Mi fa male ...
I have a pain in ...

Dove posso trovare un medico?
Where can I find a doctor?

Starà bene?
Will he/she be all right?

Mi fa male qui
It hurts here

Ho la febbre
I have a temperature

Sono incinta di ... mesi
I'm ... months pregnant

Avrei bisogno di una ricetta per ...
I need a prescription for ...

Generalmente prendo ...
I normally take ...

Sono allergico a ...
I'm allergic to ...

indice italiano • Italian index

italiano

italiano

italiano

italiano

italiano

italiano

italiano

italiano

italiano

italiano

italiano

italiano

indice inglese • English index

english

english

english

english

english

english

english

english

peanut butter 135
peanuts 151
pear 127
peas 131
pecan 129
pectoral 16
pectoral fin 294
pedal 61, 206
pedal v 207
pedestrian crossing 195
pedestrian zone 299
pedicure 41
pediment 301
peel v 67
peeled prawns 120
peeler 68
pelican 292
pelvis 17
pen 163, 185
pen holder 172
penalty 222
penalty area 223
pencil 163, 275
pencil case 163
pencil sharpener 163
pendant 36
penfriend 24
penguin 292
peninsula 282
penis 21
pentagon 164
peony 111
people 12, 16
people carrier 199
pepper 64, 124, 152
peppercorn 132
pepperoni 142
percentage 165
percussion 257
perennial 86
perfume 41
perfumery 105
pergola 84
periodical 168
perm 39
perpendicular 165
persimmon 128
personal best 234
personal organizer 173, 175
personal trainer 250
Peru 315
pesticide 89, 183
pestle 68, 167
pet food 107
pet shop 115
petal 297
petri dish 166
petrol 199
petrol pump 199
petrol station 199
petrol tank 203
pharmacist 108, 189
pharynx 19

pheasant 119, 293
phillips screwdriver 81
philosophy 169
Philippines 319
photo album 271
photo finish 234
photo frame 271
photofit 181
photographer 191
photograph 271
photograph v 271
photography 270
physical education 162
physics 162, 169
physiotherapy 49
piano 256
piccolo 257
pick v 91
pick and mix 113
pickaxe 187
pickled 159
pickup 258
picnic 263
picnic bench 266
pie 158
pie tin 69
piece 272
pier 217
pies 143
pig 185
pig farm 183
pigeon 292
pigeonhole 100
piglet 185
pigsty 185
pigtails 39
Pilates 251
pill 21, 109
pillar 300
pillion 204
pillow 70
pillowcase 71
pilot 190, 211
pin 60, 237, 249, 276
pin number 96
pincushion 276
pine 296
pine nut 129
pineapple 128
pineapple juice 149
pink 274
pint 311
pinto beans 131
pip 128
pipe 112, 202
pipe cutter 81
pipette 167
piping bag 69
pistachio 129
pitch 225, 256, 266
pitch v 229
pitch a tent v 266
pitcher 151, 229
pitcher's mound 228

pitches available 266
pith 126
pitta bread 139
pizza 154
pizza parlour 154
place mat 64
place setting 65
placenta 52
plain 285
plain chocolate 113
plain flour 139
plait 39
plane 81
plane v 79
planet 280, 282
plant v 183
plant pot 89
plants 86, 296
plaque 50
plaster 47, 83
plaster v 82
plastic bag 122
plastic pants 30
plastic surgery 49
plate 65, 283
plateau 284
platform 208
platform number 208
platinum 289
play 254, 269
play v 229, 273
player 221, 231, 273
playground 263
playhouse 75
playing 75
playpen 75
plea 180
please 322
Plimsoll line 214
plough v 183
plug 60, 72
plum 126
plumb line 82
plumber 188
plumbing 61
plunger 81
plus 165
Pluto 280
plywood 79
pneumatic drill 187
poach v 67
poached 159
pocket 32
pod 122
podium 235, 256
point 273
poisoning 46
poker 273
Poland 316
polar bear 291
Polaroid camera 270
pole 245, 282
pole vault 234
police 94

police car 94
police cell 94
police officer 94
police station 94
policeman 189
polish 77
polish v 77
politics 169
polo 243
polyester 277
pomegranate 128
pommel 242
pommel horse 235
pond 85
ponytail 39
pool 249
pop 259
popcorn 255
poplar 296
popper 30
poppy 297
poppy seeds 138
porch 58
porch light 58
pore 15
pork 118
porridge 156
port 145, 176, 214, 216
porter 100
portfolio 97
porthole 214
portion 64
portrait 271
Portugal 316
positive electrode 167
post office 98
postage 98
postal code 98
postal order 98
postal worker 98
postbox 99
postcard 112
poster 255
poster paint 274
postgraduate 169
postman 98, 190
postmark 98
pot plant 110
pot up v 91
potato 124
pot-pourri 111
potted plant 87
potter's wheel 275
pottery 275
potty 74
pouch 291
poultry 119
poultry farm 183
pound 310
pour v 67
powder 77, 109
powder puff 40
powdered milk 137
power 60

power cable 176
power cut 60
practice swing 233
pram 75
praying mantis 295
pregnancy 52
pregnancy test 52
pregnant 52
premature 52
premolar 50
prerecorded 178
prescription 45
present 27
presentation 174
presenter 178
preservative 83
preserved fruit 134
press 178
presser foot 276
press-up 251
pressure valve 61
price 152, 199
price list 154
prickly pear 128
primer 83
primrose 297
principality 315
print 271
print v 172
printer 172, 176
printing 275
prison 181
prison guard 181
private bathroom 100
private jet 211
private room 48
probe 50
problems 271
processed grains 130
procession 27
processor 176
producer 254
program 176
programme 254, 269
programming 178
promenade 265
propagate v 91
propeller 211, 214
proposal 174
prosciutto 143
prosecution 180
prostate 21
protractor 165
proud 25
prove v 139
province 315
prow 215
prune 129
prune v 91
psychiatry 49
psychotherapy 55
public address system 209
puck 224

english

english

english

english

english

english

ringraziamenti • acknowledgments

Malpas Library & Information Centre 11|7|15

DORLING KINDERSLEY would like to thank Tracey Miles and Christine Lacey for design assistance, Georgina Garner for editorial and editorial help, Sonia Gavira, Polly Boyd, and Cathy Meeus for editorial help, and Claire Bowers for compiling the DK picture credits.

The publisher would like to thank the following for their kind permission to reproduce their photographs:
Abbreviations key: a-above; b-below/bottom; c-centre; f-far; l-left; r-right; t-top)

123RF.com: Andriy Popov 34tl; Daniel Ernst 179tc; Hongqi Zhang 24cla. 175cr; Ingvar Bjork 60c; Kobby Dagan 259c; leonardo255 269c; Liubov Vadimovna (Luba) Nel 39cla; Ljupco Smokovski 75crb; Oleksandr Marynchenko 60bl; Olga Popova 33c; oneblink 49bc; Racorn 162tl; Robert Churchill 94c; Roman Gorielov 33bc; Ruslan Kudrin 35bc, 35br; Subbotina 39cra; Sutichak Yachaingkham 39tc; Tarzhanova 37tc; Vitaly Valua 39tl; Wavebreak Media Ltd 188bl; Wilawan Khasawong 75cb; **Action Plus:** 224bc; **Alamy Images:** 154t; A.T. Willett 287bcl; Alex Segre 105ca, 105cb, 195cl; Ambrophoto 24cra; Blend Images 168cr; Cultura RM 33r; Doug Houghton 107fbr; Ekkapon Sriharun 172bl; Hugh Threlfall 35tl; 176tr; Ian Allenden 48br; Ian Dagnall (iPod is a trademark of Apple Inc., registered in the U.S. and other countries) 268tc, 270tc; Ievgen Chepil 250bc; imagebroker 199tl, 249c; keith morris 178c; Martyn Evans 210b; MBI 175tl; Michael Burrell 213cra; Michael Foyle 184bl; Oleksiy Maksymenko 105tc; Paul Weston 168br; Prisma Bildagentur AG 246b; Radharc Images 197tr; RBtravel 112tl; Ruslan Kudrin 176tl; Sasa Huzjak 258t; Sergey Kravchenko 37ca; Sergio Azenha 270bc; Stanca Sanda (iPad is a trademark of Apple Inc., registered in the U.S. and other countries) 176bc; Stock Connection 287bcr; tarczas 35cr; vitaly suprun 176cl; Wavebreak Media ltd 39cl, 174b, 175tr; **Allsport/Getty Images:** 238cl; **Alvey and Towers:** 209 acr, 215bcl, 215bcr, 241cr; **Peter Anderson:** 188cbr, 271br. **Anthony Blake Photo Library:** Charlie Stebbings 114cl; John Sims 114tcl; **Andyalte:** 98tl; **apple mac computers:** 268tcr; **Arcaid:** John Edward Linden 301bl; Martine Hamilton Knight, Architects: Chapman Taylor Partners, 213cl; Richard Bryant 301br; **Argos:** 41tcl, 66cbl, 66cl, 66br, 66bcl, 69cl, 70bcl, 71t, 77tl, 269tc, 270tc; **Axiom:** Eitan Simanor 105bcr; Ian Cumming 104; Vicki Couchman 148cr; **Beken Of Cowes Ltd:** 215cbc; **Bosch:** 76tcr, 76tc, 76tcl; **Camera Press:** 38tr, 256t, 257cr; Barry J. Holmes 148tr; Jane Hanger 159cr; Mary Germanou 259bc; **Corbis:** 78b; Anna Clopet 247tr; Ariel Skelley / Blend Images 52l; Bettmann 181tl, 181tr; Blue Jean Images 48bl; Bo Zauders 156t; Bob Rowan 152bl; Bob Winsett 247tcl; Brian Bailey 247br; Carl and Ann Purcell 162l; Chris Rainer 247ctl; Craig Aurness 215bl; David H.Wells 249cbr; Dennis Marsico

274bl; Dimitri Lundt 236bc; Duomo 211tl; Gail Mooney 277cctr; George Lepp 248c; Gerald Nowak 239b; Gunter Marx 248cr; Jack Hollingsworth 231bl; Jacqui Hurst 277cbr; James L. Amos 247bl, 191cttr, 220bcr; Jan Butchofsky 277cbc; Johnathan Blair 243cr; Jose F. Poblete 191br; Jose Luis Pelaez.Inc 153tc; Karl Weatherly 220bl, 247tcr; Kelly Mooney Photography 259tl; Kevin Fleming 249bc; Kevin R. Morris 105tr, 243tl, 243tc; Kim Sayer 249tcr; Lynn Goldsmith 258t; Macduff Everton 231bcl; Mark Gibson 249bl; Mark L. Stephenson 249tccl; Michael Pole 115tr; Michael S. Yamashita 247ctcl; Mike King 247cbl; Neil Rabinowitz 214br; Pablo Corral 115bc; Paul A. Saunders 169br, 249ctcl; Paul J. Sutton 224c, 224br; Phil Schermeister 227b, 248trr; R. W Jones 309; Richard Morrell 189bc; Rick Doyle 241ctr; Robert Holmes 97br, 277ctc; Roger Ressmeyer 169tr; Russ Schleipman 229; The Purcell Team 211ctr; Vince Streano 194t; Wally McNamee 220br, 220bcl, 224bl; Wavebreak Media LTD 191bc; Yann Arhus-Bertrand 249tl; **Demetrio Carrasco / Dorling Kindersley (c) Herge / Les Editions Casterman:** 112ccl; **Dorling Kindersley:** Banbury Museum 35c; Free Napkin Burger 152t; **Dixons:** 270cl, 270cr, 270bl, 270bcl, 270bcr, 270cccr; **Dreamstime.com:** Alexander Podshivalov 177tr, 191cr; Alexxl66 268tl; Andersastphoto 176tc; Andrey Popov 191bl; Arne9001 190tl; Chaoss 26c; Designsstock 269cl; Monkey Business Images 26cb; Paul Michael Hughes 162tr; Sergiey Starus 190bc; **Education Photos:** John Walmsley 26tl; **Empics Ltd:** Adam Day 236br; Andy Heading 243c; Steve White 249cbc; **Getty Images:** 48bcl, 100t, 114bcr, 154bl, 287tr; 94tr; Don Farrall / Digital Vision 176c; Ethan Miller 270bl; Inti St Clair 178tr; Liam Norris 188br; Sean Justice / Digital Vision 24br; **Dennis Gilbert:** 106tc; **Hulsta:** 70t; **Ideal Standard Ltd:** 72r; **The Image Bank/Getty Images:** 58; **Impact Photos:** Eliza Armstrong 115cr; Philip Achache 246t; **The Interior Archive:** Henry Wilson, Alfie's Market 114bl; Luke White, Architect: David Mikhail, 59tl; Simon Upton, Architect: Philippe Starck, St Martins Lane Hotel 100bcr, 100br; **iStockphoto.com:** asterix0597 163tl; EdStock 190br; RichLegg 26bc; SorinVidis 27cr; **Jason Hawkes Aerial Photography:** 216t; **Dan Johnson:** 35r; **Kos Pictures Source:** 215cbl, 240tc, 240tr; David Williams 216b; **Lebrecht Collection:** Kate Mount 169bc; **MP Visual.com:** Mark Swallow 202t; **NASA:** 280cr, 280ccl, 281tl; **P&O Princess Cruises:** 214bl; **P A Photos:** 181br; **The Photographers' Library:** 186bl, 186bc, 186t; **Plain and Simple Kitchens:** 66t; **Powerstock Photolibrary:** 169tl, 256t, 287tc; **PunchStock:** Image Source 195tr; **Rail Images:** 208c, 208 cbl, 209br; **Red Consultancy:** Odeon cinemas 257br; **Redferns:** 259br; Nigel Crane 259c; **Rex**

Features: 106br, 259tc, 259tr, 259bl, 280b; Charles Ommaney 114tcr; J.F.F Whitehead 243cl; Patrick Barth 101tl; Patrick Frilet 189cbl; Scott Wiseman 287bl; **Royalty Free Images:** Getty Images/Eyewire 154bl; **Science & Society Picture Library:** Science Museum 202b; **Science Photo Library:** IBM Research 190cla; NASA 281cr; **SuperStock:** Ingram Publishing 62t; Juanma Aparicio / age fotostock 172t; Nordic Photos 269tl; **Skyscan:** 168t, 182c, 298; Quick UK Ltd 212; **Sony:** 268bc; **Robert Streeter:** 154br; **Neil Sutherland:** 82tr, 83tl, 90t, 118, 188ctr, 196tl, 196tr, 299cl, 299bl; **The Travel Library:** Stuart Black 264t; **Travelex:** 97cl; **Vauxhall:** Technik 198t, 199tl, 199tr, 199cl, 199cr, 199ctccl, 199ctccr, 199tcl, 199tccr, 200; **View Pictures:** Dennis Gilbert, Architects: ACDP Consulting, 106t; Dennis Gilbert, Chris Wilkinson Architects, 209tr; Peter Cook, Architects: Nicholas Crimshaw and partners, 208t; **Betty Walton:** 185br; **Colin Walton:** 2, 4, 7, 9, 10, 28, 42, 56, 92, 95c, 99tl, 99tcl, 102, 116, 120t, 138t, 146, 150t, 160, 170, 191cctcl, 192, 218, 252, 260br, 260l, 261tr, 261c, 261cr, 271cbl, 271cbr, 271ctcl, 278, 287br, 302, 401.

DK PICTURE LIBRARY:
Akhil Bahkshi; Patrick Baldwin; Geoff Brightling; British Museum; John Bulmer; Andrew Butler; Joe Cornish; Brian Cosgrove; Andy Crawford and Kit Hougton; Philip Dowell; Alistair Duncan; Gables; Bob Gathany; Norman Hollands; Kew Gardens; Peter James Kindersley; Vladimir Kozlik; Sam Lloyd; London Northern Bus Company Ltd; Tracy Morgan; David Murray and Jules Selmes; Musée Vivant du Cheval, France; Museum of Broadcast Communications; Museum of Natural History; NASA; National History Museum; Norfolk Rural Life Museum; Stephen Oliver; RNLI; Royal Ballet School; Guy Ryecart; Science Museum; Neil Setchfield; Ross Simms and the Winchcombe Folk Police Museum; Singapore Symphony Orchestra; Smart Museum of Art; Tony Souter; Erik Svensson and Jeppe Wikstrom; Sam Tree of Keygrove Marketing Ltd; Barrie Watts; Alan Williams; Jerry Young.

Additional Photography by Colin Walton.

Colin Walton would like to thank:
A&A News, Uckfield; Abbey Music, Tunbridge Wells; Arena Mens Clothing, Tunbridge Wells; Burrells of Tunbridge Wells; Gary at Di Marco's; Jeremy's Home Store, Tunbridge Wells; Noakes of Tunbridge Wells; Ottakar's, Tunbridge Wells; Selby's of Uckfield; Sevenoaks Sound and Vision; Westfield, Royal Victoria Place, Tunbridge Wells.

All other images © Dorling Kindersley
For further information see: www.dkimages.com